감정이
당신의 인생을
결정한다

감정이
당신의 인생을
결정한다

삶을 뒤흔드는 감정에 완벽하게 대처하는 법

천진영 지음

프롤로그

　살다 보면 누구나 무너지는 순간을 맞이한다. 나는 그 순간을 애써 외면했다. 감정을 억누르면 사라질 거라 믿었다. 하지만 감정은 사라지는 것이 아니라 스며들어 결국 나를 잠식했다. 나는 감정을 숨기는 것이 강함이라 생각했다. 세상은 늘 단단해야 한다고 가르쳤고, 약한 모습을 보이면 손해라고 했다. 그래서 슬퍼도 웃었고, 아파도 버텼다. 감정을 조용히 묻어두면 괜찮아질 거라 믿었다. 그러던 어느 날, 모든 것이 송두리째 흔들렸다. 사랑하는 사람의 죽음, 그리고 암 선고. 삶을 짓누르는 현실 앞에서 감정을 밀어내려 했지만 역부족이었다. 감정은 억누를수록 더 거세게 몰아쳤다. 분노, 슬픔, 두려움, 무력감이 한꺼번에 덮쳐왔다. 그제야 깨달았다. 감정은 억제하는 것이 아니라, 이해해야 하는 것이라는 사실을.

　우리는 감정을 다스리는 법만 배웠다. 하지만 감정을 어떻게 받아들이고, 그것과 함께 살아가는 법은 배우지 못했다. 감정을 외면할수록 삶은 더 무거워지고, 감정을 인정할수록 삶은 한결 가벼워진다. 슬픔은 사랑했던 흔적이고, 분노는 지켜야 할 것이 있다는 신호다. 불안은 변화를 준비하라는 메시지다. 감정을 밀어낼 것이 아니라, 그것이 전하는 이야기에 귀를 기울여야 한다.

　이 책은 감정을 없애는 방법을 알려주지 않는다. 대신 감정을 마주하고 이해하며 그것을 삶의 에너지로 바꾸는 방법을 이야기한다. 감정에 휘둘리지 않으면서도 그것을 삶의 방향으로 삼는 법, 감정을 부정하는 것이 아니라 감정을 통해 진짜 나를 발견하는 과정을 이야기하고자 한다. 물론 쉽지 않다. 어떤 감정은 너무 깊고, 어떤 감정은 직면하기조차 두렵다. 하지만 감정은 밀어낸다고 해서 사라지는 것이 아니다. 언젠가 반드시 다시 마주하게 된다. 이 책을 덮을 즈음이면 감정은 더 이상 삶을 짓누르는 무거운 짐이 아닐 것이다. 억누르고 외면하던 감정들이 자연스럽게 흘러가고, 그 안에서 스스로를 더 깊이 이해하게 될 것이다. 감정을 통제하려 애쓰는 대신, 그것이 보내는 신호를 읽고 진짜 나를 마주하는 법을 알게 될 것이다. 감정은 피해야 할 장애물이 아니다. 그것은 우리가 어디로 가야 하는지를 가리키는 가장 솔직한 나침반이다. 때로는 거칠고 불편할지라도, 그 안에는 우리가 외면해서는 안 될 진실이 담겨 있다. 그리고 그것을 받아들이는 순간, 삶은 더욱 선명해지고 가벼워질 것이다.

CONTENTS

프롤로그 6

1
내 감정이 나를 삼킬까 봐

감정을 없애고 싶었다 15

'행복해야 한다'는 착각, 그것이 우리를 더 불행하게 만든다 18

부정적 감정은 고장 난 신호등일까? 21

어제는 웃었는데, 오늘은 우울하다. 내가 이상한 걸까? 24

타인을 위한 감정 vs 진짜 내 감정 27

눈물이 말해주는 것, 웃음이 감추는 것 30

내 감정을 한 단어로 정의할 수 있을까 33

사소한 감정 하나가 운명을 뒤바꾸는 순간 36

'감정 공감력'이 인간관계의 온도를 바꾼다 39

정보 과잉 시대, 감정이 더 소중해지는 이유 42

감정은 나의 성격일까? 45

감정을 피한다고 사라지는 것은 아니다, 이제 마주할 시간이다 48

2
부정적 감정 활용법 : 부정적 감정의 속마음

슬픔 : 피할 수 없다면, 흘려보내는 법을 배워야 한다 53

외로움: 아무리 채워도 채워지지 않는 감정 59

불안 : 끝도 없이 무한히 생성되는 감정 66

분노 : 터뜨릴 것인가, 다룰 것인가 72

시기 질투 : 끝없는 비교의 함정 79

죄책감 : 잘못에 대한 자기 처벌적 감정 86

수치심 : 나를 감추고 싶을 때 찾아오는 감정 93

혐오, 불쾌함, 증오 '싫음'이라는 감정 101

무기력 : 아무것도 하기 싫은 날을 대하는 태도 109

배신감 : 가장 가까운 사람에게 등을 돌렸을 때 117

후회와 미련 : 바꿀 수 없는 과거에 발목 잡힐 때 125

억울함: 부당한 감정에서 나를 지켜내는 법 132

좌절감 : 무너지는 순간 다시 일어설 수 있는 방법 139

부정적 감정이 지나간 자리에 남은 것들 146

3
긍정적 감정 활용법

행복 : 미루는 것이 아니라, 발견하는 것 151
사랑 : 나를 비우지 않고도 서로에게 닿는 마음 155
즐거움 : 일상을 무겁지 않게만드는 작은 환기 160
희망 : 불안을 마주하면서도 계속 나아가게 하는 힘 164
자신감 : 넘어지지 않는 삶보다, 넘어져도 일어났던 순간이 만들어낸 힘 169
감사함 : 일상의 빈틈을 따뜻하게 채워주는 마음의 버팀목 174
열정 : 이끌린 마음으로 전부를 바꿀 수 있는 힘 177
흥분과 설렘 : 순간의 스파크가 뜻밖의 새로움을 던져줄 때 181
만족감 : 완벽이 아니어도 있는 그대로 받아들이는 힘 185
소속감 : 내 퍼즐 조각이 어떤 그림 속에 딱 들어맞을 때 189
긍정이 보여주는 다시 일어날 이유 193

4
감정으로 맺어진 관계들: 일상 속 드라마

부모와 자식 사이, 결코 단순하게 정리될 수 없는 이야기   199
사랑이라는 감정의 롤러코스터   207
친구냐 경쟁자냐, 가까워서 더 힘든 관계   215
직장 속 감정의 흐름, 나는 정말 이곳에서 잘 하고 있을까   223
SNS, '좋아요' 하나에 울고 웃는 마음   230
존중과 무시의 사이   237
"정말 축하해!" 뒤에 숨겨진 진짜 속마음   247
갈등,역설적 친밀감   256
착한 아이 콤플렉스, 인정받고 싶은 마음이 만든 감정의 함정   265
이별, 결국 헤어져도 마음은 남는다   274
솔직함과 무례함 사이, 감정 표현의 딜레마   284

5
해결되지 않은 채로, 괜찮은

우리가 찾던 건 '해결책'이 아니었다   297
'진짜 감정'과 마주하는 용기   300
우리가 한 번쯤 자신에게 던져봐야 할 질문   303
당신의 감정은 이미 답을 알고 있다   307
결국 중요한 것은 당신의 감정이었다   309

에필로그   312

Part 1

내 감정이
나를 삼킬까 봐

삶을 흔드는 건 사실 감정이 아니라,
그 감정을 다루지 못하는 당신이다.
감정에서 벗어나는 가장 큰 용기는 마주 보는 것이다.

01

감정을
없애고 싶었다

Your emotions determine your life

 어느 날 문득 이런 생각이 들었다. "만약 감정이 없다면 어떻게 될까?" 한때 나는 감정이 없는 사람이 되고 싶었다. 매 순간 감정에 휘둘리고, 감정 때문에 상처받고 불안해하는 것이 지겹고 힘들었다. 감정이 없다면 아프지도 않을 것 같고 상처받을 일도 없을 것 같았다. 무던하게, 덤덤하게, 어떤 일에도 휘둘리지 않고 살아갈 수 있다면 얼마나 좋을까 하고 생각했던 적이 많았다. 어릴 때부터 나는 감정을 감추는 것이 익숙한 사람이었다. 늘 밝아야 했고, 씩씩해야 했고, 사랑받고 싶다면 좋은 사람이 되어야 한다고 생각했다. 기쁘면 웃고, 슬퍼도 웃고, 화가 나도 웃어야 했다. 감정을 솔직하게 드러내면 불편해하는 사람들이 많았고, 약해 보이면 손해 보는 일도 많았다. 그래서 나는 감정을 숨겼다. 그러다 보니 점점 내 감정을 나도 모르게 눌러버리는 습관이 생겼다. 슬픔이 올라와도 애써 삼키고, 화가 나도 그냥 넘겼다. 무언가 억울한 일을 겪어도 '그럴 수도 있지'라며 애써 괜찮은 척했다. 나중엔 정말로 무슨 일이 생겨도 별 감흥이 없어지는 것 같았다. 그렇게 사는 것이 조금 더 편한 삶일 줄 알았다.

그런데 이상하게도 마음은 더 공허해졌다. 분명 겉으로 보기엔 아무렇지 않은데 속은 점점 텅 비어가는 느낌이었다. 어느 날, 정말 별일 아닌 일로 갑자기 눈물이 터졌다. 나는 이유도 모른 채 한참을 울었다. 그러면서 깨달았다. 나는 감정을 없앤 것이 아니라, 그냥 애써 무시하고 있었을 뿐이라는 것을.

감정은 사라지는 게 아니라, 우리가 외면할수록 더 깊이 가라앉는다. 그리고 어느 순간, 예상치 못한 방식으로 터져 나온다. 억눌러도 사라지지 않는 감정들은 결국 나를 조금씩 갉아먹고 있었다. 그때 처음으로 생각했다. 나는 정말 감정이 없는 사람이 되고 싶은 걸까? 감정이 없다면, 기쁨도 사라질 것이다. 사랑하는 사람과 함께 있어도 아무런 따뜻함을 느낄 수 없고, 꿈을 이루어도 아무런 성취감을 느낄 수 없고, 예쁜 풍경을 보아도 아무런 감동이 없을 것이다. 슬픔과 불안을 없애고 싶다면, 그와 함께 기쁨과 행복도 잃어야 한다. 그런 걸 '사는 것'이라고 할 수 있을까?

감정이란 우리가 살아 있다는 가장 확실한 증거다. 우리는 기쁠 때 웃고, 슬플 때 운다. 때로는 화가 나고, 때로는 서럽다. 감정이란 그저 일어나는 것이 아니라, 우리가 무엇을 중요하게 생각하는지를 보여준다. 어떤 일이 기쁘다면, 그건 그만큼 나에게 소중한 것이기 때문이다. 어떤 일에 화가 난다면, 그건 내 가치가 침해당했다고 느끼기 때문이다. 어떤 일이 슬프다면, 그건 내가 사랑했던 무언가를 잃었기 때문이다. 감정이 없다면, 나는 내가 아닐 것이다. 기쁨도, 분노도, 불안도, 사랑도 없는 나는 그저 숨 쉬는 기계에 불과할 것이다.

나는 이제 안다. 감정을 지우고 싶어 했던 건 결국 내가 내 감정을 제대로 마주할 용기가 없었기 때문이었다. 하지만 감정을 인정하는 순간 비로소 나는 온전한 '나'로 살아갈 수 있었다. 그러니 이제 더 이상 감정을 숨기지 않으려 한다. 기쁠 땐 마음껏 웃고, 슬플 땐 충분히 슬퍼하며, 두려울 땐 그 감정을 그대로 껴안으려 한다. 감정이 없다면, 나는 내가 아닐지도 모른다. 그래서 나는 감정을 있는 그대로 받아들이기로 했다.

02

'행복해야 한다'는 착각,
그것이 우리를 더 불행하게 만든다

―――― *Your emotions determine your life* ――――

언젠가부터 '행복해야 한다'는 말이 너무나 당연한 것이 되어버렸다. 어디를 가도 사람들은 웃고 있다. 카페에서도, 길거리에서도, SNS 속에서도 활짝 웃는 얼굴, 화려한 풍경, 성공적인 순간들이 넘쳐난다. 사람들은 좋은 일만을 기록하고, 밝은 모습만을 남긴다. 그리고 나도 그렇게 살아왔다. 나는 어릴 때부터 늘 밝고 긍정적인 사람이었다. 주변에서도 그렇게 기대했고, 나 역시 그 기대를 저버리고 싶지 않았다. 힘들어도 씩씩하게, 슬퍼도 괜찮은 척하며 살아왔다. 어쩌면 그게 내가 사랑받는 방식이라고 생각했을지도 모른다. 다정하고 명랑한 모습, 힘든 티를 내지 않는 태도를 가진 내가 사람들에게 더 편안한 존재였을 테니까 말이다. 그렇게 살다 보니 어느 순간부터 감정을 있는 그대로 받아들이기가 어려워졌다. 어떤 감정을 느껴도 '이 정도는 괜찮아야 해'라고 나 자신을 다그쳤다. 속으로는 불안한데, 나조차도 내 불안을 인정하지 않았다. 행복한 사람처럼 보여야 했으니까. 나는 SNS를 즐겨한다. 그리고 거기에는 나의 행복한 순간들이 기록되어 있다. 하지만 그 기록이 곧 나의 전부는 아니다. 웃고 있는 사진을 찍었지만, 그 하루가 정말 행복한 날이었다고 단정할 수는 없다. 어떤 날은 정말 기뻐서, 또 어떤 날은 그냥 그래야 할 것 같아서 미소를 짓는다. 사람들은 나를 보고 "넌 행복해서 좋겠다"고 말한다. 그 말을 들을 때마다 이상한 기분이 든다. 나는 정말 그런 사람일까? 아니면 그렇게 보이려고 노력한 결과일까?

행복해야 한다는 강박은 생각보다 강하다. 우리는 행복이 곧 '정상적인 상태'라고 배웠다. 언제 어디서나 밝아야 하고 긍정적이어야 하며 힘든 일은 빨리 극복해야 한다. "힘든 일이 있어도 웃어야지", "긍정적으로 생각해" 같은 말들이 자연스럽게 오고 간다. 하지만 정말 그럴까? 행복한 사람만이 '정상'이고, 불안하거나 슬픈 사람은 '비정상'일까? 행복해야 한다는 강박은 결국 우리를 더 불행하게 만든다. 우리는 늘 행복하지 않다는 이유로 불안해하고 감정의 작은 변화에도 '나는 왜 이렇게 힘들지?', '왜 나는 저 사람들처럼 밝지 않을까?'라며 스스로를 의심한다.

하지만 진짜 문제는 우리가 늘 행복할 수 없다는 것을 인정하지 않는 것이다. 나는 이제 안다. 행복이란 완벽한 상태가 아니라 감정을 있는 그대로 받아들이는 순간에 찾아온다는 것을. 어떤 날은 기쁘고, 어떤 날은 우울하고, 어떤 날은 그냥 무덤덤한 기분일 수도 있다. 그 모든 순간이 다 자연스러운 것이다. 그래서 꼭 행복해야 할 필요는 없을지도 모른다. 행복을 보여주기 위해 애쓰지 않아도 늘 기쁜 얼굴을 하고 있지 않아도 괜찮다. 어쩌면 진짜 중요한 건 '행복해 보이는 것'이 아니라 나 자신에게 솔직해지는 일일지도 모르니까.

03

부정적 감정은
고장 난 신호등일까?

Your emotions determine your life

우리는 흔히 부정적인 감정을 나쁜 것이라고 생각한다. 화가 나는 건 참아야 하고, 불안한 건 떨쳐내야 하며, 슬픈 감정은 가능한 한 빨리 극복해야 한다고 배웠다. 우리는 어릴 때부터 "좋은 감정을 가져야 해", "화를 내면 못난 사람이야", "기운 내야지" 같은 말을 들어왔다. 감정이란 흐르는 것이고 때로는 불안하고 슬플 수도 있다는 사실보다 어떻게든 긍정적인 감정을 유지해야 한다는 가르침이 더 익숙했다.

그래서 나도 그렇게 살아왔다. 안 좋은 감정이 올라오면 그것을 지우기 위해 애썼다. 불안할 때는 더 바쁘게 움직였고, 슬플 때는 더 활기찬 척했으며, 화가 날 때는 스스로를 다독이며 억눌렀다. 그 감정들이 나를 지배하도록 두고 싶지 않았기 때문이다. 불안한 건 내가 나약해서일 거라고, 화가 나는 건 내가 속이 좁아서일 거라고 생각하며 감정을 부정했다. 하지만 그렇게 감정을 밀어낼수록, 그것들은 더 강하게 나를 덮쳐왔다. 특히 아버지의 죽음을 겪었을 때 그랬다. 사랑하는 사람을 잃고 난 다음 밀려오는 공허함과 슬픔을 애써 외면했다. 버텨야 한다고, 흔들리면 안 된다고 생각했다. 슬픔에 휩쓸리면 다시는 돌아올 수 없을 것 같았기 때문이다. 나는 무너지지 않기 위해 감정을 지워 내려 했지만, 그럴수록 그 감정들은 더 깊이 나를 잠식했다. 불안과 슬픔을 무시하면 사라질 줄 알았지만, 오히려 감정들은 더 엉켜버렸다.

그때 깨달았다. 감정은 단순한 장애물이 아니라 신호라는 것을. 슬픔이란 내가 사랑했던 것을 잃었기 때문에 찾아오는 것이었고, 불안이란 내가 중요하게 생각하는 것이 있기 때문에 느껴지는 감정이었다. 화가 난다는 건 어떤 것이 나에게 부당하게 느껴진다는 뜻이었고, 외로움이란 누군가와 연결되고 싶은 욕구의 표현이었다. 그런데 나는 그 감정들을 무시하고 억누르기만 했었다. 그 신호들을 하나하나 지워가면서도, 왜 내가 점점 공허해지는지 몰랐다.

어쩌면 우리는 부정적인 감정을 너무 쉽게 고장 난 신호등처럼 취급하는지도 모른다. 원래 감정이란 게 늘 밝고 명확해야 정상이고 그게 조금이라도 불안정해지면 빨리 고쳐야 하는 문제라고 여긴다. 하지만 감정은 결함이 아니라 방향을 알려주는 나침반이다. 감정이 없으면 우리는 무엇이 중요한지도 무엇을 원하고 무엇을 지켜야 하는지도 모르게 된다. 나는 이제 부정적인 감정을 억지로 없애려 하지 않는다. 그 감정이 나에게 무엇을 말해주려 하는지 듣기로 했다. 불안이 올라오면 '이걸 왜 두려워하는 걸까?'라고 생각해 보고, 화가 날 때는 '이게 나에게 왜 부당하게 느껴졌을까?'라며 스스로에게 묻는다. 감정은 그 자체로 해소하려고 애쓸 대상이 아니라 이해해야 할 대상이었다.

   감정을 부정하면, 결국 나를 부정하는 길이 된다. 그렇기에 이제는 그 감정들을 하나하나 받아들이려 한다. 감정이란 마주하면 흐르고, 억누르면 더 커진다는 걸 이제는 알기 때문에.

04

어제는 웃었는데,
오늘은 우울하다. 내가 이상한 걸까?

―――― *Your emotions determine your life* ――――

　어제는 분명 괜찮았는데 오늘은 이유 없이 우울하다. 며칠 전만 해도 모든 게 잘 풀릴 것 같았는데 오늘은 이상하게 무기력하다. 어떤 날은 별일 없이 기분이 좋다가도 다음 날엔 별다른 이유 없이 가라앉아 버린다. 그런 내 모습을 보며 스스로가 이상한 게 아닐까 의심했던 적이 많다. 나는 왜 이렇게 감정이 널뛰기를 할까? 왜 똑같은 하루를 보내는데도 기분은 매번 다를까?
　나는 늘 감정을 일정하게 유지해야 한다고 생각했다. 밝으면 계속 밝아야 하고, 행복하면 계속 행복해야 하고, 힘든 일이 있어도 빨리 이겨내야 정상이라고 믿었다. 그래서 기분이 갑자기 바뀌는 나 자신이 이상하게 느껴졌다. 어제는 웃으며 사람들과 어울렸는데 오늘은 혼자 있고 싶어지는 나. 며칠 전에는 모든 걸 잘 해낼 수 있을 것 같았는데 오늘은 별것도 아닌 일에 자신이 없어지는 나. 그런 변화를 경험할 때마다 나는 스스로를 문제 있는 사람처럼 여겼다. 감정이 한결같지 않으면 어딘가 잘못된 것만 같았다.

하지만 감정이란 애초에 고정된 것이 아니었다. 우리는 마치 감정이 일정해야 정상인 것처럼 배워 왔다. 긍정적인 감정은 길게 지속되어야 하고 부정적인 감정은 빨리 해소해야 한다는 강박 속에서 살아간다. 하지만 감정이란 물결과 같다. 밀려오기도 하고 빠져나가기도 하며 때론 거세게 요동치고 때론 잔잔하게 가라앉는다. 어제 웃었다고 해서 오늘도 웃어야 할 필요는 없다. 오늘 우울하다고 해서 내일도 우울할 거라는 법은 없다.

나는 한때 감정이 이렇게 오락가락하는 나를 다잡아야 한다고 생각했다. 조금이라도 불안함이 스며들면 재빨리 기분을 전환해야 한다고 여겼고, 슬픈 기운이 퍼지면 더 밝은 행동을 하며 감정을 덮으려 했다. '나는 괜찮아야 해', '나는 무너지지 말아야 해'라는 생각이 어느새 당연해졌고 감정을 일정하게 유지하는 것이 성숙한 사람의 태도라고 믿었다. 하지만 그렇게 내 감정을 조정하려 할수록 나는 점점 더 내 감정에 휘둘리는 사람이 되어 갔다. 슬픈 감정을 애써 없애려 하면 더 깊이 빠져들었고 불안을 억지로 지우려 하면 더 커졌다. 감정이 흔들리는 나를 부정할수록 감정은 오히려 나를 더 강하게 흔들었다.

그리고 어느 순간 이런 생각이 들었다. 감정이란 원래 이렇게 흐르는 것이 아닐까? 기쁨만 있고 불안이 전혀 없는 삶, 만족감만 있고 슬픔이 전혀 없는 삶이 과연 온전한 삶일까? 행복한 감정이 영원히 지속된다면 우리는 더 이상 그 행복을 소중하게 여기지 않을지도 모른다. 반대로 불안과 슬픔이 없었다면, 우리는 진짜 원하는 것을 찾지 못했을 수도 있다. 불안하기 때문에 더 단단해지려 노력하고, 슬픔을 겪었기에 더 깊은 감동을 느낄 수 있다. 감정의 기복이란 결국 우리가 균형을 찾아가는 과정이다.

나는 이제야 깨닫는다. 감정이란 고정된 것이 아니라 흐르는 것이고, 그 흐름 속에서 우리는 나름의 답을 찾아간다는 것을. 어제의 기쁨과 오늘의 불안이 공존하고, 내일은 또 다른 감정이 찾아오겠지만, 그 모든 것이 모여 결국 '내 삶'이 되는 것 아닐까. 그러니 오늘은 기분이 가라앉아도 괜찮다. 내일은 또 다른 감정이 나를 찾아올 테니까.

05

타인을 위한 감정
vs 진짜 내 감정

Your emotions determine your life

나는 오랫동안 사람들의 기분을 먼저 살피는 사람이었다. 누군가 기분이 안 좋아 보이면 괜히 신경이 쓰였고 어색한 분위기가 흐르면 내가 나서서 풀어야 할 것 같았다. 사람들과의 관계에서 불편함이 생기는 걸 피하고 싶었고 웬만한 일은 참고 넘어가는 게 더 현명한 선택이라고 여겼다. 상대방이 원하는 것이 무엇인지 빠르게 눈치채고 갈등이 생길 법한 상황에서는 내 입장을 조금 희생해서라도 부드럽게 해결하려 했다. 어떤 날은 속이 상해도 대수롭지 않은 일처럼 넘겼고 마음이 불편해도 애써 이해하려 했다. 친구와의 대화에서, 직장 내 회의에서, 심지어 가족과의 관계에서도 마찬가지였다. '이 정도는 괜찮아', '굳이 내가 감정을 드러낼 필요 있나?'

라는 생각이 습관처럼 자리 잡았다. 그렇게 하면 관계가 무난하게 흘러갈 것 같았고 불필요한 충돌을 피하는 것이 더 나은 방법이라 믿었다.

그런데 시간이 지날수록 이상하게도 나는 더 지쳐갔다. 나를 배려해주지 않는 사람에게조차 나는 끝까지 배려하려 했고, 내가 불편한 상황에서도 상대방이 편하도록 먼저 양보했다. 그러면서도 점점 억울함이 쌓였고 어떤 순간에는 '나는 왜 항상 맞춰야 할까?'라는 생각이 들었다. 하지만 그 생각조차 인정하기가 싫었다. 마치 내가 서운함을 느끼면 그동안 쌓아온 '괜찮은 사람'이라는 이미지가 깨지는 것만 같았다.

그러다 문득 깨달았다. 나는 타인의 감정을 지나치게 살피면서도 정작 내 감정에는 둔감했다. 상대가 불편해하면 어떻게든 해결하려 하면서도 내가 불편할 때는 그냥 덮어두고 넘겼다. 그 과정이 반복되면서 점점 나 자신을 희미하게 만들어가고 있었다. 상대에게 맞추는 것이 배려라고 생각했지만, 사실은 나 자신을 지우는 일이었다.

나는 이제 안다. 사람들에게 맞추는 것이 곧 좋은 관계를 의미하는 것은 아니라는 걸. 오히려 나를 잃어가면서까지 유지해야 하는 관계라면 그건 진짜 좋은 관계가 아닐 수도 있다. 감정을 숨기고 상대에게 맞추는 것이 평화를 가져다줄 것 같았지만, 결국 그건 일방적인 희생일 뿐이었다.

  나는 더 이상 나를 지우면서까지 관계를 유지하지 않는다. 감정을 억누르며 참고 이해하는 것이 어른스러운 일이라 여겼지만 내가 어떤 감정을 느끼는지를 인정하고 그것을 나 자신에게 먼저 솔직하게 말해주는 일이 중요하다는 것을 나는 이제 안다. 관계는 애써 쥐고 있다고 해서 흘러가지 않는 것이 아니다. 결국 남을 위해 사는 것이 아니라 나를 지키며 살아가는 것이 먼저여야 한다.

06

눈물이 말해주는 것,
웃음이 감추는 것

Your emotions determine your life

어느 순간부터 나는 울지 않게 되었다. 아니, 울지 않는 것이 아니라 울음을 삼키는 것이 더 익숙해졌다. 감정을 드러내는 게 불편해졌고, 눈물을 흘리는 순간 어딘가 무너지는 것 같은 기분이 들었다. 울면 약해 보일까 봐, 울면 누군가 나를 귀찮아할까 봐, 울면 나조차도 내 감정을 감당하지 못할까 봐 감정이 북받쳐 올라와도 참고 목이 메어도 애써 넘겼다. 어릴 때부터 '강한 사람은 쉽게 울지 않는다'는 말을 들으며 자랐다. 그래서일까. 나는 웬만한 일로는 울지 않는 사람이 되고 싶었다. 슬픈 순간에도 담담하게 견디는 사람, 힘들어도 표정 하나 변하지 않는 사람이 되고 싶었다. 울음은 무언가를 포기하는 것 같았고, 한계를 인정하는 것 같았다. 그래서 어떻게든 참았다.

하지만 웃음은 달랐다. 웃음은 언제나 환영받았고, 사람들도 웃는 얼굴을 더 좋아했다. 그래서 나는 힘들 때일수록 더 많이 웃었다. 웃으면 기분이 나아질 것 같았고, 웃으면 슬픔도 희미해질 것 같았다. 그리고 무엇보다 웃고 있으면 내 감정이 들키지 않을 것 같았다. 나는 울음을 삼키고 웃음을 띄우는 데 점점 더 능숙해졌다.

그러다 보니 사람들은 나를 보고 "넌 항상 밝아서 좋아.", "넌 웬만하면 힘들어하지도 않지?", "넌 강한 사람이야"라고 말했다. 그 말들이 나를 무겁게 만들었다. 마치 나는 무너져선 안 되는 사람, 흔들려선 안 되는 사람이 되어야 할 것 같았다. 나는 여전히 힘들었지만, 그런 말을 들을수록 더욱더 힘든 티를 내지 않았다. 울고 싶을 때조차도 '나는 강해야 해'라는 생각이 앞섰다. 하지만 이상하게도, 아무리 참고 웃어도 마음은 점점 더 답답해졌다. 감정을 숨긴다는 것은 결국 쌓아두는 것이었고 쌓인 감정은 언젠가 폭발하기 마련이었다.

그렇게 오랫동안 눈물을 참으며 살아왔는데, 정작 사소한 순간에 눈물이 터져 나왔다. 예상치 못한 말 한마디에, 갑자기 몰려오는 공허함에, 스스로도 설명할 수 없는 감정에 설움이 폭발했다. 나는 감정을 통제하고 있다고 믿었지만 사실은 억지로 누르고만 있었던 것이다. 어쩌면 나는 울음을 참는 것이 아니라 울음을 미루고 있었던 것인지도 모른다.

 그리고 그제야 알게 되었다. 눈물과 웃음은 감정의 양면이라는 것을. 울음은 억누른 감정을 흘려보내는 과정이고, 웃음은 순간의 감정을 가볍게 만들어 주는 과정일 뿐이다. 하지만 웃음이 모든 걸 감춰주지는 않는다. 웃음이 많아질수록 더 깊이 외로워졌다. 누구에게도 말하지 않은 감정들, 혼자 삭이며 쌓아둔 슬픔들. 웃음으로 버틸 수는 있어도 웃음만으로 모든 것이 해결되지는 않았다.

 이제야 깨닫는다. 감정을 참는 것이 강한 것이 아니었다. 강한 사람은 오히려 자신의 감정을 외면하지 않는 사람이었다. 이제는 울어야 할 때는 울고, 웃어야 할 때는 웃으려 한다. 감정이 흘러갈 수 있도록 두지 않으면 결국 나를 갉아먹는다는 걸 알게 되었으니까. 웃음으로 모든 걸 덮으려 했던 순간들, 그 뒤에 가려진 감정들을 이제는 더 이상 외면하지 않으려 한다. 울음이 말해주는 감정을 제대로 들여다볼 때, 웃음 또한 더 가볍고 편안한 것이 되리라는 걸 이제는 안다.

07

내 감정을 한 단어로
정의할 수 있을까

―――――― *Your emotions determine your life* ――――――

감정이 이렇게 복잡할 줄은 몰랐다. 단순히 기쁘거나, 단순히 슬프거나, 단순히 화가 나는 일이 별로 없었다. 한 가지 감정만 남아 있는 순간은 거의 없었고, 언제나 뒤섞여 있었다. 겉으로는 웃고 있지만 속으로는 쓸쓸한 기분이 들고, 분명 좋은 일이었는데도 어디선가 허전함이 몰려왔다. 감정이란 마치 여러 색깔이 섞인 물감 같아서, 어떤 순간에도 하나의 색으로만 존재하지 않았다.

예를 들어 친한 친구가 꿈을 이뤘을 때 나는 활짝 웃으며 "정말 대단하다! 너라면 해낼 줄 알았어" 하고 축하해 줬다. 진심이었다. 친구가 노력한 걸 봐왔고, 그 결과를 누구보다 응원했다. 그런데 그 순간, 내 안에서 다른 감정이 스멀스멀 올라왔다. '근데 나는 뭐 하고 있지?' 친구의 성취가 내 것이 아닌데도 마치 나와 비교당하는 기분이 들었다. 친구가 앞서 나가는 걸 보는 순간 나는 뒤처진 사람이 된 것 같았다. "축하해!"라고 말하는 동시에, '나도 저만큼 하고 싶다', '나도 저 자리에 서고 싶다'라는 마음이 함께 올라왔다. 축하는 분명한 감정이었지만, 그 안에는 시기와 질투도 섞여 있었다. 그뿐만이 아니었다. 오랫동안 원하던 일을 이루었을 때도 마찬가지였다. 내가 간절히 바라던 기회가 왔고 성공적으로 해냈다. 당연히 기뻐야 하는 순간인데, 이상하게도 머릿속이 복잡했다. '이제 뭘 해야 하지?', '혹시 이게 운이었으면 어쩌지?', '이제 더 잘해야 한다는 부담감이 커질 텐데' 하는 생각들이 밀려왔다. 성취의 기쁨이 채 가시기도 전에 불안이 따라왔다. 행복한 순간에도 두려움과 초조함이 함께였다.

감정이란 하나로 정의할 수 없는 것이었다. 부정적인 감정이 나쁜 것도 아니고 긍정적인 감정이 순수한 것도 아니었다. 기쁨과 불안이 함께 있고 축하 속에 시기가 섞여 있으며 슬픔 속에서도 안도감이 스며든다. 그런데 나는 한때 이런 감정을 잘못된 것이라고 생각했다. 질투가 올라오면 '나쁜 사람 같다'고 자책했고, 기쁜 순간에도 불안을 느끼면 '이러면 안 되는데' 하며 스스로를 다그쳤다. 감정은 단순해야 한다고 믿었고, 한 가지 감정만 명확히 느껴야 한다고 생각했다.

하지만 이제는 감정을 억지로 한 가지로만 규정하려 하지 않는다. 감정이 모호할 때는 그냥 모호한 대로 두기로 했다. 감정은 원래 복잡한 것이고, 감정이 얽혀 있다는 건 오히려 내가 진짜 원하는 것이 무엇인지 고민할 기회가 된다는 걸 알게 되었다. 때로는 축하와 질투가 함께하고 때로는 기쁨과 불안이 동시에 존재한다. 감정이 한 단어로 정리되지 않는다고 해서 이상한 것은 아니다. 오히려 그게 더 솔직한 감정일지도 모른다.

08

사소한 감정 하나가
운명을 뒤바꾸는 순간
―――― *Your emotions determine your life* ――――

    어떤 선택의 순간에는 아무리 머리를 굴려도 답이 나오지 않는다. 장단점을 비교하고, 논리적으로 따져보고, 주변 사람들의 조언까지 들어보지만, 여전히 어느 쪽이 맞는지 확신이 들지 않는다. 그런데 그런 순간에도 감정은 먼저 반응한다. 설명할 수 없는 불안감이 들거나, 반대로 묘한 끌림이 생긴다. 그 감정들은 마치 아무 이유 없이 찾아오는 것 같지만, 사실 우리보다 먼저 무언가를 감지하고 있는지도 모른다.

    나는 한때 감정을 배제하고 이성적으로만 판단해야 좋은 결정을 내릴 수 있다고 믿었다. 감정이란 변덕스럽고 비논리적인 것이고, 이성적으로 분석해야만 후회 없는 선택을 할 수 있다고 생각했다.

하지만 살면서 중요한 갈림길에 섰을 때, 정작 나를 움직인 건 머리가 아니라 감정이었다. 한 번은 안정적인 길과 불확실한 길 사이에서 고민한 적이 있었다. 주변에서는 "굳이 리스크를 감수할 필요 있겠어?", "안정적인 게 더 좋은 거 아니야?"라며 말렸다. 현실적으로 보면 그 말이 맞았다. 나도 그런 조언을 받아들이려 했고, 이성적으로 생각하면 안정적인 길을 가는 게 맞아 보였다. 그런데 이상하게도 마음이 편하지 않았다. 생각할수록 답답했고, 막상 그 길을 간다고 상상하니 가슴이 뛰지 않았다. 반면 사람들이 말리는 불확실한 길을 떠올릴 때마다 두려움과 함께 묘한 기대감이 밀려왔다. 그 감정이 사라지지 않았다. 결국 나는 감정이 가리키는 길을 선택했다. 논리적으로는 말이 안 되는 선택이었다. 하지만 이상하게도 모든 것이 자연스럽게 흘러갔다. 예상하지 못한 기회들이 찾아왔고, 예상보다 훨씬 빨리 길이 열렸다. 만약 그때 머리로만 판단했다면 나는 여전히 답답한 현실 속에서 후회를 곱씹고 있었을지도 모른다. 반대로 감정을 무시하고 머리로만 선택했던 순간도 있었다. 조건만 보면 완벽한 기회였고, 내게 더할 나위 없이 좋은 선택처럼 보였다. 하지만 마음 한편이 불편했다. 이유를 정확히 설명할 수는 없었지만, 어딘가 맞지 않는 느낌이 들었다. 그래도 그 감정을 무시하고 합리적인 판단을 따라갔다. 그리고 결국, 시간이 지나면서 그 불편함이 현실이 되었다. 처음부터 어긋나 있었던 것들이 하나둘씩

드러났고, 결국 그 선택을 후회하게 됐다.

감정이란 단순한 기분이 아니다. 때로는 우리가 아직 이해하지 못한 신호이자, 무의식이 먼저 알아차린 직관일 수도 있다. 물론 감정에만 의존할 수도 없고, 감정이 늘 정답을 알려주는 것은 아니다. 하지만 아무 이유 없이 가슴이 답답하거나, 반대로 설명할 수 없는 끌림이 느껴질 때, 우리는 그것을 가볍게 넘겨서는 안 된다.

나는 이제 알겠다. 감정이 항상 정답을 알려주지는 않지만, 감정을 무시하면 정답에 도달하는 길이 더 멀어진다는 것을. 때로는 감정이 가리키는 방향이 우리가 가야 할 길을 미리 알려주고 있었을지도 모른다. 중요한 선택 앞에서 우리는 논리적으로 따져보지만 결국 인생의 가장 결정적인 순간을 움직이는 것은 감정이라는 것을.

09

'감정 공감력'이 인간관계의 온도를 바꾼다
Your emotions determine your life

나는 늘 답을 주는 사람이었다. 직업적으로도, 성격적으로도 누군가의 문제를 듣고 해결책을 제시하는 것이 익숙했다. 자기경영 솔루션을 제공하는 일을 하면서 어떻게 하면 더 나은 방향으로 갈 수 있을지, 어떻게 하면 지금의 문제를 해결할 수 있을지를 분석하는 것이 내 일이었다. 그래서 사람들과의 대화에서도 자연스럽게 해결책을 먼저 찾으려 했다. 누군가 힘들다고 하면, 나는 곧바로 "이렇게 해보는 건 어때?"라며 제안했고, 고민을 털어놓으면 "그건 이렇게 해결하면 돼"라고 정리해줬다. 관계에서도 마찬가지였다. 친구가 힘든 일을 겪으면 나는 그 상황에서 벗어날 방법을 찾았고, 가족이 고민을 이야기하면 나는 대안을 제시했다. 어떤 문제가 주어지면 거기에 대한 '솔루션'을 제공하는 것이 당연한 태도였다.

39

처음에는 그것이 좋은 습관이라고 생각했다. 내 말이 상대에게 도움이 된다고 믿었다. 하지만 어느 순간 상대가 고민을 털어놓은 후에도 마음이 풀리지 않는다는 걸 느꼈다. 내가 해결책을 주었는데도 상대는 여전히 같은 고민을 반복했고 심지어 더 답답해 보이기까지 했다. 해결책을 주는 것이 아니라, 오히려 그들의 감정을 더 무겁게 만들고 있는 것은 아닐까?

어떤 고민들은 해결되는 것이 중요한 것이 아니라 그냥 그 감정을 충분히 느끼고 지나가는 것이 필요했다. 하지만 나는 그것을 불필요한 과정이라고 여겼다. 감정에 머물기보다는 빠르게 문제를 해결하고 앞으로 나아가는 것이 더 생산적이라고 생각했다. 그래서 상대가 감정을 표현하면 "그럴 필요 없어", "너무 깊게 생각하지 마", "지금 중요한 건 해결하는 거야"라고 말했다. 하지만 그런 말들이 오히려 상대의 감정을 부정하는 것이 될 수도 있었다.

그러고 보니 나 자신도 그랬다. 힘들 때 누군가에게 털어놓으면, 해결책을 듣고 싶기보다 그냥 내 감정을 알아주길 바랐던 순간들이 많았다. 하지만 나는 정작 다른 사람들의 감정을 그렇게 바라보지 않았다. 해결해주면 끝이라고 생각했지만 사람들은 꼭 해결책을 원해서 말하는 것이 아니었다. 어떤 감정들은 단순히 흘러갈 시간이 필요했고 어떤 고민들은 답을 찾기보다 공감받는 것만으로도 충분했다. 나는 직업적으로 늘 '문제 해결'이라는 사고방식에 익숙했지만, 감정이라는 것은 그렇게 단순한 문제가 아니었다. 관계에서 중요한 것은 항상 답을 찾는 것이 아니라 감정을 함께 경험하고 지나가는 것이었다. 해결이 중요한 순간도 있지만, 해결보다 더 중요한 것은 '존재하는 것'이었다.

나를 찾아오는 사람들에게 내가 해줄 수 있는 가장 좋은 것은 언제나 해결책이 아닐지도 모른다. 때로는 그냥 "그래, 힘들겠다", "그럴 만해"라고 말해주는 것이 더 큰 힘이 될 수도 있다. 나는 여전히 많은 문제를 해결해야 하는 일을 하고 있고 해결책을 찾는 것이 내 역할이다. 하지만 모든 문제에 정답이 필요한 것은 아니라는 걸 안다. 어떤 고민들은 해결할 필요 없이 그냥 존재하는 것이고 어떤 감정들은 바꾸려 하지 않아도 괜찮다. 답을 주는 것이 아니라 그 감정이 머물 수 있도록 옆에 있어 주는 것. 관계에서는 때로 그것이 더 중요한 일일지도 모른다.

감정은 빠르게 정리하고 넘어가야 하는 것이 아니라 때로는 충분히 머물고 지나가야 하는 것일지도 모른다. 그리고 때로는 해결보다 공감이 더 큰 역할을 할 수도 있다. 관계란 반드시 답을 찾아야 유지되는 것이 아니라 서로의 감정을 인정하고 받아들이는 과정 속에서 더 깊어지기도 한다. 문제를 해결하려는 것보다 그 감정이 충분히 흘러가도록 기다려 주는 것이 더 중요할 때가 있다는 걸 이제는 안다.

10

정보 과잉 시대,
감정이 더 소중해지는 이유

Your emotions determine your life

　우리는 하루에도 수십, 수백 개의 정보를 접하며 살아간다. 핸드폰을 켜면 새로운 뉴스가 쏟아지고 SNS에서는 사람들이 끊임없이 자신들의 삶을 업데이트한다. 알고리즘은 우리가 좋아할 만한 콘텐츠를 끝없이 추천하고, 트렌드는 빠르게 바뀐다. 무엇을 알고 싶은지 묻기도 전에, 이미 수많은 정보가 우리를 향해 밀려온다.

　나도 늘 정보를 따라갔다. 최신 트렌드를 놓치지 않으려고, 더 많은 것을 알아야 한다고 생각했다. 내가 모르면 뒤처질 것 같았고 아는 것이 곧 경쟁력이 되는 시대에서 한 발짝이라도 늦으면 안 될 것 같았다. 하지만 정보를 더 많이 알수록 이상하게도 머릿속은 더 복잡해졌다. 무엇이 정말 중요한 것인지 무엇을 기준으로 판단해야 하는지 점점 더 혼란스러워졌다. 정보가 많아질수록 오히려 내 감정이 묻히는 순간이 많았다. 예를 들어, 누군가 자신의 성공을 자랑하는 글을 보면 '나는 지금 이대로도 괜찮은 걸까?'라는 불안이 먼저 들었다. 새로운 기회에 대한 소식을 들으면 그 기회가 나에게도 필요한 것처럼 느껴졌다. 한쪽에서는 워라밸을 강조하며 삶을 즐기라고 하고, 또 다른 한쪽에서는 '미친 듯이 노력해야 한다'고 말한다. 나는 어떤 삶을 선택해야 할까? 이 순간 내가 느끼는 감정이 정말 나의 욕망인지, 아니면 단순히 타인의 기준에 휩쓸린 것인지조차 분간하기 어려웠다. 더 많은 정보를 접할수록, 내 선택에 대한 확신이 흔들렸다. 머리로는 '이게 맞겠지'라고 생각했지만, 몸은 이상하게 무거워졌고, 가슴 한편이 답답해졌다. 가끔은 '이걸 해야 하는데 왜 하기 싫지?'라는 생각이 들었다. 분명 필요하고 중요한 일이지만, 정작 나 자신은 내켜 하지 않았다.

그러다 문득 이런 생각이 들었다. 나는 지금 이 정보들을 내 삶과 연결하며 받아들이고 있는 걸까? 아니면 '알고 있어야 한다'는 강박 속에서 계속 쌓아두기만 하는 걸까? 정보가 많아지는 건 중요하지만, 결국 내가 움직이고 결정하는 것은 '가슴이 뛰는가', '찝찝한 느낌이 드는가', '머리로는 맞는데 몸이 따라가지 않는가' 같은 감각적인 신호들이었다. 타인의 기준에 맞춰 선택하고, 사회가 옳다고 말하는 방향을 따르기만 하면 정작 내 감정을 느낄 여유가 없어지게 된다.

나는 더 많은 정보를 받아들이는 것만큼, 내 감각과 직관을 놓치지 않는 것도 중요하다는 걸 깨달았다. 정보는 계속해서 쏟아지겠지만, 그 안에서 내가 어떤 감정을 느끼는지, 이 선택이 나를 설레게 하는지, 아니면 단순히 해야 할 일처럼 느껴지는지에 따라 가야 할 방향이 달라진다. 트렌드를 따라가고 흐름을 읽는 것은 중요하지만 그 안에서 내가 불안함에 쫓겨 선택하는 것인지, 아니면 정말로 원하는 길을 가고 있는 것인지 스스로에게 물어야 한다. 정보는 선택의 도구일 뿐이고, 결국 내가 진짜 원하는 삶은 내 감정이 가장 잘 알고 있었을지도 모른다.

11

감정은
나의 성격일까?
―――― *Your emotions determine your life* ――――

　나는 더 이상 감정을 '변하지 않는 나의 본질'이라고 생각하지 않는다. 감정은 나의 성향에서 비롯되기도 하지만 상황과 환경의 영향을 받으며 계속해서 변화한다. 내가 반복해서 느끼는 감정이 있다면, 그것이 단순히 나의 성격 때문인지, 아니면 특정한 환경이 나를 그렇게 반응하게 만드는 것인지 들여다봐야 한다.

　나는 한때 감정이 곧 나 자신을 설명하는 것이라고 믿었다. 쉽게 불안을 느끼면 '나는 원래 불안한 사람'이라 여겼고, 작은 일에도 신경을 많이 쓰면 '나는 예민한 사람'이라고 생각했다. 하지만 어느 순간부터 스스로가 낯설게 느껴졌다. 같은 일이 주어져도 어떤 날은 아무렇지 않은데, 어떤 날은 크게 동요했다. 어떤 사람과 함께 있을 때는 무척 여유로운 사람이 되지만, 또 다른 사람과 있을 때는 지나치게 경계하는 사람이 되었다. 나는 정말 한결같이 불안하고 예민한 사람인 걸까, 아니면 그때그때 내 감정을 만들어내는 요인이 따로 있는 걸까?

　그때부터 감정을 좀 더 깊이 들여다보기 시작했다. 그리고 깨달았다. 감정은 단순히 '나의 성향'에서 오는 것이 아니라 내가 어떤 환경에 처해 있느냐 어떤 관계 속에 있느냐에 따라 달라질 수 있다는 것을. 어떤 공간에서는 마음이 편안하고, 어떤 공간에서는 이유 없이 불안했다. 어떤 사람과 있으면 나도 모르게 방어적인 태도가 나왔고 또 어떤 사람과 있으면 자연스럽게 솔직한 나 자신이 되었다. 감정을 나의 '고유한 성향'이라고만 생각하면 이런 변화들을 설명할 수 없었다. 감정은 내가 처한 환경과 연결되어 있었고, 그때그때 영향을 받고 있었다. 그렇다면 내가 반복해서 느끼는 감정들은 정말로 나의 본질적인 성향일까 아니면 특정한 환경이 그 감정을 자극하고 있는 걸까? 나는 이제 감정이 올라올 때마다 한 걸음 물러서서 바라보려 한다. '이 감정은 어디에서 온 걸까?' 내가 불안한 사람이어서 불안한 것인지, 아니면 지금 나를 불안하게 만드는 요소가 있기 때문인지. 내가 쉽게 짜증을 내는 사람이어서 짜증이 나는 것인지, 아니면 나를 지치게 하는 어떤 것들이 쌓여 있기 때문인지.

감정을 곧 '나'라고 단정 지어버리면, 변화의 가능성을 놓쳐버린다. 늘 불안하다면 나는 원래 불안한 사람이기 때문이 아니라 나를 불안하게 만드는 무언가가 있는 것은 아닌지 살펴볼 필요가 있다. 감정이 오락가락한다고 해서 나라는 사람이 모순적인 것이 아니라 그만큼 나는 다양한 요소들에 영향을 받으며 살아가는 존재라는 뜻일 수도 있다.

결국 감정이란 나를 규정하는 것이 아니라, 나를 둘러싼 환경과 상황을 이해하는 열쇠가 된다. 감정을 무조건 억누르거나, 혹은 나라는 사람을 단정 짓는 기준으로 삼기보다, 그것이 어디에서 비롯된 것인지 고민해 보는 것. 감정에 매몰되지 않고, 그것을 더 깊이 들여다볼 때 우리는 더 나은 선택을 할 수 있고, 더 주체적인 삶을 살아갈 수 있을 것이다.

12

감정을 피한다고 사라지는 것은 아니다, 이제 마주할 시간이다

Your emotions determine your life

당신이 마지막으로 자신의 감정을 깊이 들여다본 순간은 언제인가? 우리는 하루에도 수십 번 감정을 느낀다. 기쁨, 설렘, 분노, 불안, 안도, 외로움 등…. 하지만 정작 그 감정들을 제대로 마주하는 일은 드물다. 기분이 가라앉으면 '별거 아니야'라며 애써 넘기고, 불안이 몰려오면 바쁘게 움직이며 지워버리려 한다. 화가 나도 침착해야 한다고 스스로를 다독이고, 슬픔이 올라와도 '괜찮아져야 해'라고 다짐한다. 감정을 밀어내는 것이 곧 감정을 다스리는 것이라고 착각하면서.

하지만 감정이란 억누른다고 사라지는 것이 아니다. 되려 우리가 무시한 감정일수록 더 강하게 되돌아온다. 한동안 잊었다고 생각한 감정이 갑자기 떠올라 마음을 흔들고 아무렇지 않게 넘겼던 일이 어느 날 문득 가슴을 짓누른다. 어쩌면, 당신이 반복해서 느끼는 감정이 있다면 그것은 아직 해결되지 않은 채 마음 한구석에 남아 있는 것일지도 모른다. 지금 당신을 가장 오래 괴롭히는 감정은 무엇인가? 과거의 후회인가? 예상치 못한 상실인가? 불안과 초조함인가? 아니면 나도 모르는 사이 쌓인 공허함인가? 우리는 감정을 피하려 하지만 피하는 것만으로는 절대 사라지지 않는다. 감정이 우리를 괴롭게 만드는 것이 아니라, 오히려 우리가 그 감정을 인정하지 않는 것이 더 큰 혼란을 만든다.

이제는 감정을 피하는 대신 마주할 시간이다. 감정은 단순히 순간적인 기분이 아니라 우리에게 중요한 메시지를 전하는 신호다. 슬픔은 우리가 사랑했던 무언가를 잃었다는 의미이고, 불안은 우리가 지키고 싶은 것이 있다는 증거다. 분노는 우리의 가치를 침해당했다는 신호이고, 외로움은 누군가와 연결되고 싶은 마음에서 온다. 감정을 들여다보는 것은 단순히 감정에 빠지는 것이 아니라, 감정을 통해 나 자신을 더 깊이 이해하는 과정이다.

당신은 어떤 감정을 외면해왔는가? 이제 감정을 마주해보자. 지금까지 흘려보냈던 감정들, 미처 들여다보지 못했던 감정들을 다시 꺼내 볼 순간이 왔다. 감정을 있는 그대로 바라보고 그것이 전하는 메시지를 하나씩 살펴볼 때, 우리는 비로소 감정에 휘둘리는 것이 아니라 감정을 이해하며 살아갈 수 있다.

Part 2

부정적 감정 활용법
: 부정적 감정의 속마음

부정적 감정을 다루는 진짜 방법은
없애는 것이 아니라 '해독'하는 것이다.
지금 당신이 느끼는 부정적 감정엔 숨겨진 암호가 있다.

01

슬픔
: 피할 수 없다면,
흘려보내는 법을 배워야 한다

Your emotions determine your life

슬픔은 누구나 겪는다. 하지만 우리는 슬픔을 다루는 방법을 배우지 않는다. 오히려 슬픔을 극복해야 한다고, 빨리 잊어야 한다고 배운다. 하지만 시간이 지나도, 바쁘게 지내도, 아무 일 없던 것처럼 행동해도 슬픔은 사라지지 않는다. 오히려 억누를수록 더 깊이 자리 잡는다. 나는 한때 감정을 감추는 것이 강한 것이라 믿었다. 슬퍼도 티 내지 않고 힘들어도 괜찮은 척했다. 하지만 그렇게 쌓인 감정들은 결국 예상치 못한 순간에 터져 나왔다. 그렇다면 우리는 슬픔을 어떻게 다뤄야 할까? 어떻게 하면 슬픔에 휩쓸리지 않으면서도 건강하게 흘려보낼 수 있을까?

'괜찮아질 필요 없다'는 걸 인정하라

슬픔이 찾아오면 사람들은 이렇게 말한다. "시간이 지나면 괜찮아질 거야", "이겨내야 해", "이제 그만 잊어야지." 하지만 나는 이제 안다. 슬픔은 '이겨내야 하는 것'이 아니라, 그냥 '겪어야 하는 것'이라는 걸. 우리는 '괜찮아져야 한다'는 압박 때문에 오히려 슬픔을 제대로 느끼지 못한다. 하지만 감정은 억누를수록 더 오래 남는다. 슬픔이 찾아왔을 때 가장 먼저 해야 할 일은 '나는 당분간 괜찮아지지 않아도 된다'는 걸 인정하는 것이다.

- ⊘ 억지로 기운 내려고 하지 말 것
- ⊘ 긍정적으로 생각하려 애쓰지 말 것
- ⊘ 스스로를 다그치지 말 것

이것만으로도 슬픔은 더 이상 죄책감이나 부담이 아니라, 자연스럽게 흘러가는 감정이 된다.

슬픔을 단절하지 말고, 일상의 일부로 받아들여라

우리는 슬픔을 마치 일상을 방해하는 감정처럼 여긴다. 그래서

'슬픔을 끝내야만' 다시 정상적인 삶을 살 수 있다고 착각한다. 하지만 슬픔은 그렇게 정리되는 감정이 아니다. 오히려 슬픔을 억지로 떨쳐내려고 하면 더 오래 우리를 따라다니며 슬픔을 건강하게 다루는 사람들은 슬픔과 일상을 분리하지 않는다. 슬픔이 올 때면 그것을 자연스럽게 일상의 일부로 받아들인다.

- ⊙ 슬픈 감정이 올라올 때면 억누르지 말고 일하면서도 잠시 받아들인다.
- ⊙ 대화 중에도, 길을 걸을 때도 슬픔을 내버려 둘 수 있도록 한다.
- ⊙ 오히려 슬픔을 느끼면서도 삶을 살아갈 수 있다는 걸 경험해야 한다.

슬픔을 일상과 완전히 분리시키려 하면, 우리는 슬퍼질 때마다 모든 것을 멈추게 된다. 하지만 슬픔을 그냥 같이 데리고 가는 감정으로 여기면, 그것이 우리를 압도하지 못한다. 슬픔을 특별한 감정으로 취급하지 말자. 그냥 우리 삶의 한 부분으로 두자. 그러면 슬픔은 더 이상 우리를 잠식하는 감정이 아니라 그저 곁에 있는 감정이 될 것이다.

슬픔을 에너지로 바꾸는 현실적인 방법

슬픔을 피하려고 할수록 더 깊이 빠진다. 반대로, 슬픔을 활용하면 그것은 더 이상 우리를 무너뜨리지 못한다. 그렇다면 슬픔을 어떻게 현실적인 에너지로 바꿀 수 있을까?

❶ 감정을 '행동'으로 연결하라

슬픔을 무언가 새로운 것과 연결하면, 감정이 다른 방식으로 해소된다.

- ⊘ 평소에 하지 않던 '새로운 루틴'을 만들어라
- ⊘ 작은 프로젝트나 배움을 시작해보라
- ⊘ 익숙한 공간을 벗어나 '변화'를 주어라

예를 들어 실연의 슬픔을 겪는 사람이 운동을 시작하거나 새로운 취미를 찾는 경우가 많다. 이것은 단순한 기분 전환이 아니라 감정을 생산적인 흐름으로 전환하는 과정이다.

❷ 슬픔을 누군가와 나눠라, 혼자 견디지 말고 공유하라

슬픔을 홀로 품으면, 그 무게가 점점 더 무거워진다. 누군가에게 이야기하지 않고 가슴에 담아둘수록 슬픔은 더욱 짙어진다. 이때 가장 좋은 방법은 슬픔을 솔직히 표현하고 공유하는 것이다.

- ⊙ 믿을 수 있는 사람에게 솔직하게 슬픔을 털어놓는다.
- ⊙ 위로나 조언을 기대하지 말고 그저 내 이야기를 들어줄 사람을 찾는다.
- ⊙ "나는 이렇게 아프고 힘들었구나" 하고 타인 앞에서 인정한다.

슬픔을 누군가와 나누면, 그것은 더 이상 혼자 견뎌야 할 짐이 아니다. 고립된 슬픔은 견디기 힘들지만, 함께 나눈 슬픔은 점점 작아진다. 그렇게 나누다 보면, 슬픔은 어느새 누그러들기 시작한다.

❸ 슬픔이 준 메시지를 활용하라

슬픔이 크다는 것은, 우리가 무언가를 그만큼 소중히 여겼다는 뜻이다. 그렇다면, 슬픔을 통해 우리는 무엇을 배울 수 있을까?

- ⊙ 이 슬픔이 내게 말해주는 것은 무엇일까?
- ⊙ 앞으로 나는 이 감정을 어떻게 다룰 것인가?
- ⊙ 이 슬픔이 내 삶에서 의미 있는 것이 되려면 나는 무엇을 해야 할까?

슬픔을 그냥 감정으로 흘려보내지 말고 그것이 주는 메시지를 읽어야 한다. 그러면 슬픔은 단순한 고통이 아니라 삶의 방향을 다시 잡아주는 지표가 된다. 슬픔은 극복하는 것이 아니라, 살아가는 것이다. 슬픔은 우리가 선택해서 겪는 감정이 아니다. 하지만 우리는 그 감정을 어떻게 다룰지 선택할 수 있다.

슬픔 활용법 결론

- ☑ 슬픔을 없애야 한다는 압박에서 벗어나라.
- ☑ 감정을 억지로 떨쳐내지 말고, 자연스럽게 일상과 함께 살아가라.
- ☑ 슬픔이 주는 메시지를 듣고, 그것을 현실적인 행동으로 연결하라.
- ☑ 슬픔은 공유할수록 가벼워진다.

슬픔은 피한다고 사라지지 않는다. 하지만 그것을 건강한 방식으로 흘려보낼 수 있다. 그렇게 할 때 슬픔은 더 이상 우리를 짓누르는 감정이 아니라, 지나가도록 놓아줄 수 있는 감정이 된다. 그리고 어느 순간 우리는 조금 더 가벼운 마음으로 일어나 다시 걸어갈 수 있게 된다.

02

외로움
: 아무리 채워도 채워지지 않는 감정
Your emotions determine your life

외로움은 누구나 느끼지만, 누구도 온전히 해결할 수 없는 감정이다. 사람을 만나도, 사랑을 해도, 바쁘게 지내도 어딘가 허전한 순간이 찾아온다. 그래서 우리는 끊임없이 외로움을 채우려 한다. '연애를 하면 외롭지 않을까?', '친구들과 자주 만나면 덜할까?', 'SNS를 보면 덜 외로울까?' 하지만 어떤 방법을 써도 외로움은 완전히 사라지지 않는다. 나는 오랫동안 외로움을 관계와 인정으로 채우려 했다. 늘 누군가와 함께 있고, 사랑받고, 인정받아야만 덜 불안했다. 그런데도 외로움은 계속 남아 있었다.

그때 깨달았다. 외로움은 타인으로 채울 수 없는 감정이며, 결국 '나'로 채워야 한다는 것을. 그렇다면 외로움이 찾아왔을 때 우리는 어떻게 해야 할까? 외로움을 타인이 아닌, '나 자신'으로 채울 방법은 없을까?

외로움을 고립이 아니라 자유로 재정의하라

외로움은 '부족함'에서 오는 것이 아니다. 오히려 외로움을 다르게 보면, 그것은 '완전한 자유'일 수도 있다. 우리는 대부분 타인과의 연결 속에서 살아간다. 누군가에게 맞추고 관계에 신경 쓰고 타인의 기대를 충족시키려 한다. 하지만 외로움을 느끼는 순간은 오롯이 나로서 존재할 수 있는 시간이기도 하다. 외로움이 왔을 때 이렇게 생각해 보자.

- ⊙ 나는 지금 누구에게도 기대지 않고, 나로서 온전히 존재할 수 있는 순간을 맞이했다.
- ⊙ 외로움은 고립이 아니라 내 삶을 온전히 나만의 것으로 만드는 자유다.
- ⊙ 이 시간에 나는 무엇을 해볼 수 있을까?

이렇게 외로움을 고립이 아니라 자유로운 공간으로 바라보는 순간 우리는 그것을 더 이상 괴로운 감정으로 느끼지 않게 된다.

관계가 아니라 자기 몰입을 통해 채워라

외로움을 느끼는 이유는 스스로에게 몰입할 수 있는 대상이 없기 때문이다. 그래서 대부분의 사람들은 관계로 외로움을 해결하려 한다. 하지만 외로움을 채우는 가장 효과적인 방법은 타인과의 관계가 아니라, 나 자신에게 몰입하는 것이다.

- ⊙ 새로운 목표를 설정해볼 것 (몸만들기, 자격증, 단기목표설정 등)
- ⊙ 인생의 새로운 프로젝트를 시작해볼 것 (부캐릭터 개발, 블로그, 자신만의 컨텐츠 개발 등)
- ⊙ 정기적인 루틴을 만들 것 (운동, 자기관리, 독서 등)

중요한 것은 이 몰입이 외로움을 잊기 위한 것이 아니라 내 삶을 채우는 것이 되어야 한다는 것이다. 어떤 일이든 나를 빠져들게 하는 무언가를 찾으면 외로움은 자연스럽게 배경으로 물러난다.

감정을 의식적으로 소비하는 시간을 가져라

외로움을 억누를수록 감정은 더 크게 자리 잡는다. 그래서 가장 좋은 방법은 외로움을 의식적으로 소비하는 것이다. 즉, 일정한 시간 동안 외로움을 충분히 느끼는 시간을 갖는 것이다.

- ⊙ 하루 중 30분, 외로움을 그대로 마주하는 시간 만들기
- ⊙ 음악을 들으며 감정을 충분히 경험하기
- ⊙ 글로 감정을 표현하거나, 그림이나 다른 방식으로 풀어내기

외로움을 강제로 없애려고 하지 않고 오히려 '지금 나는 외롭다'는 감정을 충분히 소비하는 시간을 갖는다면 외로움이 쌓여서 폭발하는 일을 막을 수 있다. 감정을 부정하지 않고 정해진 시간에 흘려보내는 연습을 하면 외로움은 더 이상 감당하기 어려운 감정이 아니다.

관계 중독에서 벗어나서 진짜 연결을 선택하라

나는 한때 사람들과 연결되지 않으면 불안했다. 항상 휴대폰을 확인해야 하고, 누군가와 만나야 하고, 관계를 유지해야 한다고 생각했다. 하지만 그 관계들은 진짜 내 외로움을 채워주지 못했다. 외로움을 진짜로 해결하기 위해서는 관계가 아니라 질 좋은 연결을 선택해야 한다.

- ⊙ 모든 관계를 유지하려 하지 말고 나에게 의미 있는 관계만 선택하기
- ⊙ 단지 외로움을 채우기 위해 사람을 찾는 습관 버리기

⊙ 오롯이 혼자 있어도 괜찮아진 후 진짜 원하는 관계 맺기

우리는 인간관계를 많이 맺을수록 외로움이 줄어든다고 믿지만 사실은 '필요 없는 관계를 정리할수록' 더 충만함을 느낄 수 있다. 혼자서도 괜찮은 사람이 될 때, 우리는 더 깊고 건강한 관계를 맺을 수 있다.

외로움이 보내는 신호를 읽어라

외로움이 찾아올 때 우리는 대개 그 감정을 밀어내려고만 한다. 하지만 외로움은 단순한 감정이 아니다. 그것은 우리가 내면에서 결핍된 무언가를 알려주는 신호다. 외로움을 느낄 때, 이렇게 질문해보자.

⊙ 나는 지금 무엇이 부족해서 외로운 걸까?
⊙ 지금 내 삶에서 정말 필요한 것이 무엇이지?
⊙ 이 외로움을 통해 내가 얻어야 할 메시지는 뭘까?

외로움은 단순히 힘든 감정이 아니다. 그것은 우리가 채워야 할 '무엇'이 있다는 신호다. 이 질문을 스스로에게 던지다 보면, 외로

움을 억누르거나 무시하는 대신 그 감정을 나를 성장시키는 도구로 사용할 수 있다. 외로움은 없애야 할 감정이 아니라 오히려 길잡이가 될 수 있다. 우리는 외로움을 부정하고 피하려 한다. 하지만 외로움은 없앨 수 있는 감정이 아니다. 외로움을 억누르지 말고 다르게 활용해보자.

외로움 활용법 결론

- ☑ 외로움을 고립이 아니라 나만의 자유로 재정의하기
- ☑ 관계가 아니라 자기 몰입을 통해 감정을 채우기
- ☑ 감정을 억누르지 않고 정해진 시간 동안 소비하기
- ☑ 무의미한 관계를 유지하지 말고 질 좋은 연결을 선택하기
- ☑ 외로움이 보내는 신호를 읽고 내게 필요한 것이 무엇인지 찾기

외로움은 어쩌면 우리 자신과 더 가까워지라는 신호일지도 모른다. 그 감정을 두려워하지 않고 나를 성장시키는 기회로 활용한다면 외로움은 더 이상 우리를 잠식하는 감정이 아니라 나를 단단하게 만드는 감정이 될 것이다.

03

불안
: 끝도 없이 무한히 생성되는 감정

Your emotions determine your life

불안은 우리가 가장 자주 마주하는 감정이다. 확실한 것은 없고 계획은 틀어지며 예상하지 못한 변수는 언제든 등장한다. 앞으로 나아가야 하지만 어디로 가야 할지 알 수 없는 순간들이 생긴다. 그때마다 불안은 조용히 스며들어 마음을 흔든다. 이 감정은 피할 수도, 완전히 없앨 수도 없다. 그렇다면, 불안을 다스리는 것이 아니라 활용하는 방법은 무엇이 있을까? 불안이 밀려올 때, 그것을 삶의 장애물이 아니라 방향을 찾는 감각으로 바꿀 수 있을까?

불안을 숫자로 만들어라
: 막연함을 없애는 기술

불안이 가장 커지는 순간은 정확히 무엇이 문제인지 알 수 없을 때다. 막연한 불안과 두려움은 실체가 없어서 어디서부터 어떻게 해결해야 할지 막막함만 커진다. 그래서 중요한 것은 불안을 수치화하는 것, 즉 불안을 구체적이고 명확한 숫자나 기준으로 바꾸는 것이다.

- **취업이 불안할 때**
  → "내가 원하는 직무에서 요구하는 자격증, 점수, 경력 연수 등 구체적인 기준은 무엇인가?"

- **금전적으로 불안할 때**
  → "내가 한 달에 반드시 필요한 최소 생활비는 얼마인가? 현재 나의 수입과 지출은 얼마인가?"

- **인간관계가 불안할 때**
  → "이 관계에서 내가 상대에게 기대하는 구체적인 행동이나 목표는 무엇인가?"

막연하고 추상적인 불안은 통제할 수 없지만, 숫자와 구체적인 기준으로 표현된 문제는 현실적이고 명확한 해결책이 보인다. 불안을 수치화하면 감정에 휩쓸리지 않고 객관적이고 명확한 선택을 할 수 있게 된다.

최악의 시나리오를 써라
: 두려움의 실체를 직면하는 연습

우리는 늘 '이 일이 잘못되면 어떡하지?'라고 걱정하지만, 정작 '잘못되면 정확히 어떤 일이 일어나는가?'는 깊이 생각하지 않는다. 불안이 커질 때, '최악의 시나리오'를 직접 써보라.

- ⊙ 원하는 회사에 떨어진다면? → 다른 회사를 지원하면 된다.
- ⊙ 사업이 실패한다면? → 다시 직장을 다닐 수 있다.
- ⊙ 관계가 끝난다면? → 혼자가 되는 것이 죽을 만큼 큰 문제일까?

불안은 미지의 영역에서 힘을 발휘하지만, 한 번 문장으로 써보면 예상보다 감당할 수 있는 문제일 때가 많다.

불안을 행동으로 전환하라
: 생각을 움직임으로 바꾸는 법

불안이 깊어지는 순간은 대부분 고민만 할 때다. 하지만 행동하는 순간, 불안은 방향성을 얻는다.

- ⊙ 미래가 걱정된다면 → 지금 당장 배울 수 있는 작은 것부터 시작해라.
- ⊙ 관계가 불안하다면 → 상대와 직접 대화를 시도해라.
- ⊙ 변화를 두려워한다면 → 아주 사소한 습관부터 바꿔라.

머릿속에서만 맴도는 고민은 불안을 키우지만 작은 움직임이 시작되면 불안은 현재에 집중하는 감각으로 바뀐다.

불안의 근본을 이해하라
: 통제할 수 없는 것과 통제할 수 있는 것 구분하기

불안은 대개 우리가 통제할 수 없는 것들에서 온다. 하지만 우리는 그걸 마치 통제해야 하는 것처럼 생각하며 힘겨워한다.

- ⊙ 통제할 수 없는 것 : 경제 상황, 남들의 평가, 누군가의 감정
- ⊙ 통제할 수 있는 것 : 내가 공부하는 시간, 노력의 방향, 내 태도

내가 할 수 없는 것을 고민하는 순간 불안은 쓸모없는 감정이 된다. 하지만 내가 할 수 있는 것에 집중하면 불안은 준비하는 힘이 된다. 지금 불안한 이유가 무엇인지 구분해보라. 통제할 수 없는 것이라면 내려놓고, 통제할 수 있는 것이라면 그것에 집중하면 된다.

이 단순한 구분만으로도 불안은 훨씬 작아진다.

불안은 '지금 이 순간'에는 존재하지 않는다

불안은 언제나 미래에 대한 것이다. 아직 일어나지 않은 일, 아직 닥치지 않은 상황에 대한 걱정이다. 그렇다면, 불안이 밀려올 때 현재로 돌아오는 연습을 해보라.

- 손을 씻으면서 물의 온도를 집중해서 느껴보기
- 걷는 동안 발바닥이 바닥에 닿는 감각을 신경 써보기
- 숨을 들이마시고 내쉬면서 나는 지금 여기에 있다라고 스스로에게 말하기

작은 감각에 집중하는 순간, 불안은 잠시 멈춘다. 생각이 아니라 지금에 머무는 훈련을 하면, 불안은 우리를 덮치는 감정이 아니라, 조절할 수 있는 감각이 된다.

불안 활용법 결론

- ☑ 없애려 하지 말고, 그것을 활용하는 방법을 익혀라.

- ☑ 불안을 숫자로 만들어 막연한 불안을 명확한 문제로 구체화하라.

- ☑ 최악의 시나리오를 써서 두려움의 실체를 직면하라.

- ☑ 고민에 빠져 있기보다는 불안을 행동으로 전환하여 움직여라.

- ☑ 불안의 근본 원인을 구분하여, 통제할 수 없는 것은 내려놓고 통제 가능한 것에 집중하며 현재로 돌아오는 연습을 하라.

불안은 방향이 없는 감정이지만 그 감정을 잘 다룰 수 있다면 오히려 삶을 더 주도적으로 살아갈 수 있다. 불안을 두려워하지 말고 그 감각을 변화에 적응하는 힘으로 바꿔라.

04

분노
: 터뜨릴 것인가, 다룰 것인가
Your emotions determine your life

　분노는 인간이 가진 가장 원초적인 감정 중 하나다. 억울함, 부당함, 모욕, 좌절 이 모든 순간에 우리는 분노를 느낀다. 그러나 분노는 위험한 감정으로 취급되며, 참아야 한다고 배우며 자란다. 화를 내면 유치하고, 미성숙하고, 이성적이지 못한 사람처럼 보이기 때문이다. 하지만 분노는 억누른다고 사라지는 감정이 아니다. 참아야 할 때마다 몸이 먼저 반응한다. 심장이 빨라지고, 손끝이 떨리고, 속이 울렁이고, 밤새 머릿속에서 되새김질한다. 그리고 가장 예상치 못한 순간에 폭발한다. 그렇다면 우리는 이 강렬한 감정을 어떻게 다뤄야 할까? 무작정 억누르거나 무책임하게 터뜨리는 것이 아니라 분노를 내 편으로 만드는 현실적인 방법은 없을까?

분노는 싸워야 할 것과
넘어가야 할 것을 구분하라는 신호다

모든 분노가 같은 무게를 가진 것은 아니다. 때로는 감정을 쏟을 가치가 없는 싸움이 있고, 반대로 분노를 제대로 표출해야만 지켜야 할 것이 있는 순간이 있다.

- 내 가치를 지켜야 하는 순간 → 싸워야 한다.
- 일시적인 감정적 반응 → 흘려보내야 한다.

분노 체크리스트

- 이 화를 낸다고 내 상황이 바뀌는가?
- 부당한 대우를 바로잡을 수 있는가?
- 이 문제는 내 인생에 장기적으로 중요한가?
- 내 신념이나 가치를 건드린 문제인가?
- 내가 참고 넘어가면 계속 반복될 것인가?
- 부당한 요구나 착취가 이어질 가능성이 있는가?

이 질문에 YES라면, 이 분노는 정당하다. 그렇다면 다음 단계는 '어떻게 싸울 것인가?'를 결정하는 것이다.

분노를 감정이 아니라 전략으로 사용하라

우리는 흔히 '화를 내면 진다'고 생각한다. 하지만 진짜 패배는 화를 낸 후에도 아무것도 바뀌지 않는 것이다. 분노는 감정적으로 폭발할 때가 아니라 논리적으로 무기를 쥘 때 가장 강력한 힘이 된다.

똑똑하게 화내는 법

- 즉각적인 반응을 멈추고, '어떻게 이 상황을 뒤집을 것인가'를 먼저 고민하라.
- 상대가 듣고 싶어할 말이 아니라, '변화를 만들어낼 수 있는 말'이 무엇인지 찾아라.
- 감정을 던지는 것이 아니라 메시지를 던져라. 예를 들어 "너 왜 그래?"가 아니라, "이 상황이 반복되면 나는 이런 선택을 할 거야."라고 말해라.

감정적인 분노는 상대를 방어적으로 만들지만, 전략적인 분노는 상대를 변화하게 만든다.

분노의 배후를 읽어라
: 진짜 화나는 이유는 따로 있다

어떤 사람들은 늘 화를 낸다. 작은 일에도 예민하게 반응하고, 분노를 쉽게 터뜨린다. 하지만 그런 사람들조차 자신이 진짜 화난 이유를 모를 때가 많다.

- ⊙ 상사의 무시하는 말투
    - → 단순히 기분이 나빠서? No
    - ⇒ "나는 인정받고 싶다." Yes

- ⊙ 친구가 약속을 지키지 않음
    - → 단순히 실망해서? No
    - ⇒ "나는 신뢰가 중요한 사람이다." Yes

- ⊙ 연인이 연락을 늦게 함
    - → 단순히 서운해서? No
    - ⇒ "나는 안정감을 원한다." Yes

분노는 늘 표면적인 이유를 내세우지만, 그 아래에는 우리가 중요하게 여기는 '어떤 가치'가 있다. 그 가치를 모르면 화만 남고 해결이 안 된다. 하지만 가치를 알면 문제를 직접 해결할 수 있다.

분노를 변화의 추진력으로 바꿔라

분노는 방향성을 가지면 가장 강한 동기가 된다. 우리는 분노를 통해 가장 크게 변화하고, 분노를 통해 가장 강한 힘을 발휘한다.

- ⊙ 억울했던 경험이 있다면?
  → 내 삶의 기준을 바꾸는 계기로 만들어라

- ⊙ 부당한 대우를 받았다면?
  → 더 나은 환경으로 나아가는 동력으로 삼아라

- ⊙ 분노했던 관계가 있다면?
  → 내게 건강하지 않은 관계를 정리하는 기준으로 사용하고, 분노를 흘려보내지 말고 현실적인 변화로 연결하라

- ⊙ 무시 받는 직장에서 화가 난다면?
  → 새로운 기회를 만들 준비를 하라

- ⊙ 관계에서 반복적으로 실망한다면?
  → 내 인간관계의 기준을 정하라

- ⊙ 부당한 상황을 경험했다면?
  → 나뿐만 아니라 다른 사람에게도 이득이 되는 방식으로 해결하라

그 감정을 그냥 버려두면 독이 되지만, 현실적인 행동으로 옮기면 가장 강력한 동기가 된다.

분노 후의 자신까지 책임져라

화를 낸 뒤 후회하는 사람들은 많다. 하지만 후회하는 이유는 단순하다. 분노가 '끝난 뒤' 어떤 결과가 남을지를 고려하지 않았기 때문이다.

분노 후의 자신을 책임지는 법

- 일단 멈추고 '이 말을 한 후 내 인생이 좋아질 것인가?'를 먼저 생각하라.
- 감정적 해소가 아니라, '이 행동이 내게 이득이 되는가?'를 기준으로 결정하라.
- 내가 남긴 말과 행동이, 앞으로의 내 평판과 삶에 어떤 영향을 미칠지를 고려하라.

분노는 일시적이지만, 그로 인해 남은 관계와 상황은 오래 지속된다. 그러니 감정을 던지기 전에 '이 말이 내게 어떤 결과를 만들 것인가?'를 먼저 따져보자.

분노 활용법 결론

- ☑ 싸울 것과 넘길 것을 구분하라.
- ☑ 감정이 아니라 전략으로 화내라.
- ☑ 분노의 배후에 있는 내 가치를 먼저 찾아라.
- ☑ 화를 내고 끝내지 말고, 현실적인 변화로 연결하라.
- ☑ 분노 후에도 내가 책임질 수 있는 선택을 하라.

분노는 내가 싸울 대상을 정하고, 전략적으로 다룰 때 가장 강력한 힘이 된다. 분노는 잘못 다루면 관계를 망치고, 내 삶을 무너뜨리는 감정이 된다. 하지만 제대로 다루면 나를 더 강하게 만드는 감정이 될 수도 있다. 분노를 그냥 참지도, 터뜨리지도 말고 '내가 원하는 삶을 위해 어떻게 활용할 것인가?'를 고민하라.

05

시기 질투
: 끝없는 비교의 함정
―――― *Your emotions determine your life* ――――

　시기와 질투는 누구나 경험하는 감정이다. 친구의 성공, 동료의 인정, 타인의 행복한 모습이 때로는 불편하게 다가온다. '나는 왜 저만큼 되지 못할까?', '나는 왜 저 사람처럼 인정받지 못할까?' 하는 그 감정들이 깊어지면 우리는 남의 성취 앞에서 작아지고 비교 속에서 스스로를 깎아내리기 시작한다. 질투와 시기는 결코 유치한 감정이 아니다. 오히려 우리가 진짜 원하는 것이 무엇인지 가르쳐주는 감정이다.

　나는 오랫동안 질투가 많았다. 어떤 사람들은 질투를 부정하지만 나는 그것을 인정한다. 질투는 내가 세상의 기준에 맞춰 살아가고 있다는 신호였고, 내 삶을 내 기준이 아니라 타인의 기준에 맞춰

평가하고 있었다는 증거였다. '내가 원하는 삶이 무엇인지 확실했다면 질투가 덜했을까?', '내가 나만의 속도로 살아가고 있었다면 시기가 줄어들었을까?' 결국 질투와 시기는 타인이 문제가 아니라 '내가 없는 상태'에서 오는 감정이었다. 그렇다면, 이 감정을 어떻게 다뤄야 할까?

질투의 방향을 분석하라
: 나는 무엇을 부러워하는가?

질투는 단순한 감정이 아니다. 그것은 우리가 어떤 것을 진짜 원하고 있는지를 알려주는 신호다.

- ⊙ 친구가 원하는 직장에 취업했다
    → 부러운 이유는 돈 때문인가? 아니면 자유 때문인가?

- ⊙ 동료가 인정받고 승진했다
    → 나는 높은 자리가 부러운가? 아니면 가치 있는 일을 하는 것이 부러운가?

- ⊙ 누군가는 여행을 다니며 삶을 즐긴다
    → 나는 여유가 부러운가? 아니면 자유롭게 사는 용기가 부러운가?

질투는 감정으로 끝내면 나를 갉아먹지만, 그 감정을 구체적으로 분석하면 내가 진짜 원하는 것이 무엇인지 깨닫는 도구가 된다. 질투가 느껴질 때, 단순히 '부럽다'에서 멈추지 말고 이렇게 질문하라. "나는 이 사람의 무엇을 질투하고 있는가?", "이 감정이 내게 어떤 방향을 가르쳐 주고 있는가?" 질투는 우리를 괴롭히는 감정이 아니라 우리가 가야 할 방향을 알려주는 감정이 될 수도 있다.

남을 보지 말고 내 기준을 먼저 정하라

질투가 강할수록, 우리는 내가 원하는 삶의 기준이 없다. 대신, 세상이 정한 기준에 나를 맞추려 한다.

- ⊘ 이 정도 나이에는 이 정도 성공을 해야 해.
- ⊘ 저 사람처럼 살지 않으면 나는 뒤처지는 거야.
- ⊘ 나는 더 나아져야 해.

하지만 이 기준이 정말 내가 원하는 것인가? 아니면, 단지 타인과 비교할 기준이 필요해서 만든 것인가? 그렇다면 내 기준을 만들려면 어떻게 해야할까?

- 내가 중요하게 여기는 가치를 먼저 정하라.
    → "돈, 명예, 자유, 안정, 관계, 성취 중에서 나에게 중요한 것은 무엇인가?"

- 타인이 아니라, '어제의 나'와 비교하라.
    → "나는 1년 전보다 성장했는가"

- 속도에 대해 조급하게 생각하지 말라.
    → "나는 이 길을 가면서 만족하는가?"

질투는 나를 잃어버렸을 때 가장 강하게 작용한다. 나만의 기준을 세우면 질투는 점점 사라지고 오히려 남의 성취를 보면서도 더 이상 불안해하지 않게 된다.

질투의 대상과 대화해보라
: 비교에서 배움으로

우리는 질투하는 사람을 멀리하려 한다. 그러나 그 사람과 가까워질수록 질투는 힘을 잃는다.

- 친구가 원하는 회사에 취업했다면 → "어떻게 준비했어?"
- 동료가 승진했다면 → "어떤 노력을 했어?"

⊙ 누군가가 삶을 즐기고 있다면 → "어떻게 그렇게 할 수 있었어?"

질투는 상대를 미워하게 만들지만, 그 감정을 '배움'으로 전환하면 우리는 성장할 수 있다. 누군가를 질투할 때, 그것을 멀리하지 말고 오히려 질문하라. "이 사람이 어떻게 그 자리에 갔을까?" 그러면 질투는 감정에서 전략이 된다.

비교의 기준에서 벗어나 고유한 삶으로 방향을 틀어라

세상이 정한 기준대로 살아가려 한다면 우리는 결코 만족할 수 없다. 언제나 나보다 더 나은 사람이 있고 언제나 도달해야 할 목표가 생긴다. 그러나 삶의 목표를 '비교'에서 '벗어나는 것'으로 정하면, 질투는 사라진다.

⊙ 내가 하고 싶은 일을 하며 살고 있는가?
⊙ 내 삶의 속도에 만족하는가?
⊙ 어제보다 오늘, 조금이라도 나아지고 있는가?

이 질문에 'YES'라고 답할 수 있다면, 타인의 기준은 더 이상 나를 흔들 수 없다. 질투는 타인의 기준에 갇혀 있을 때만 강력한 힘을 가진다. 그러나 내가 고유한 삶을 살고 있다고 확신하는 순간, 비교는 의미를 잃는다.

질투를 불편한 감정에서 성장의 연료로 바꿔라

질투는 가장 쓰고, 가장 불편한 감정이다. 하지만 이것을 잘 활용하면, 가장 강력한 추진력이 될 수 있다. 질투가 올라올 때마다 이렇게 바꿔라.

- ⊙ "나는 저 사람이 부럽다."
  → "나는 저 사람이 한 노력 중 배울 것이 있을까?"
- ⊙ "나는 왜 저만큼 안 될까?"
  → "나는 어떤 방식으로 나만의 속도로 갈 수 있을까?"
- ⊙ "나는 왜 저 위치에 없을까?"
  → "그 길이 정말 내 길이 맞을까?"

질투는 우리에게 단순히 불편한 감정을 주는 것이 아니라 더 깊이 고민하고, 더 나아지라는 신호일 수 있다. 질투를 단순한 감정으로만 소비하지 말고, 그것이 주는 메시지를 읽고, 내 삶을 더 나아지게 하는 연료로 사용하라.

시기·질투 활용법 결론

- ☑ 질투는 '타인'이 아니라 '나'를 돌아보게 만드는 감정이다.
- ☑ 질투가 들면, 감정으로 끝내지 말고 '내가 진짜 원하는 것'을 분석하라.
- ☑ 비교하지 말고, 내 삶의 기준을 먼저 정하라.
- ☑ 질투하는 사람과 거리를 두지 말고, 오히려 배우려 해라.
- ☑ 비교의 기준에서 벗어나, '내가 원하는 삶'에 집중하라.
- ☑ 질투를 감정으로 소비하지 말고, 성장의 연료로 활용하라.

질투는 피해야 할 감정이 아니다. 다만, 그 감정에 휘둘리는 것이 아니라 '내 편'으로 만드는 것이 중요하다. 타인의 삶을 바라보며 불안해하는 대신 내가 원하는 방향으로 한 걸음씩 나아가는 것, 그것이 질투를 가장 건강하게 활용하는 방법이다.

06

죄책감
: 잘못에 대한 자기 처벌적 감정
Your emotions determine your life

죄책감은 우리가 저지른 실수, 말 한마디, 혹은 하지 못한 행동까지도 놓치지 않는다. 그런 죄책감은 시간이 지나도, 상황이 바뀌어도 사라지지 않고 가끔씩 고개를 든다.

- ⊙ 누군가에게 상처 주는 말과 행동을 했을 때
- ⊙ 중요한 순간에 용기를 내지 못했을 때
- ⊙ 누군가에게 더 잘해줄 수 있었는데 그러지 못했을 때
- ⊙ 내 선택 하나가 예상치 못한 결과를 불러왔을 때

죄책감은 단순한 후회와는 다르다. 후회는 '아쉽다'에서 끝나지만, 죄책감은 '내가 잘못한 사람이다'라는 낙인을 남긴다. 우리는

스스로를 심판하고, 처벌하며, 마음속에서 끝없는 재판을 연다. 하지만 죄책감은 무조건 나쁜 감정이 아니다. 그것이 없다면 우리는 무책임해질 것이고, 스스로를 돌아볼 기회조차 얻지 못할 것이다. 그러나 문제는 죄책감이 과해지면 우리는 멈춘다는 것이다. 더 나아지기 위한 노력 대신 '어차피 나는 이런 사람이야'라는 자기비난에 갇힌다. 그렇다면 죄책감을 건강하게 활용하는 방법은 없을까?

죄책감의 무게를 현실적으로 측정하라

죄책감이 클수록 우리는 실제보다 더 큰 잘못을 저질렀다고 느낀다. 하지만 감정이 말하는 것과 실제 상황은 다를 때가 많다. 다음과 같은 질문을 던져보자.

- ⊘ 내가 한 일이 정말 되돌릴 수 없을 만큼 큰 잘못인가?
- ⊘ 이 일이 다른 사람의 인생에 얼마나 영향을 미쳤는가?
- ⊘ 다른 사람이 같은 일을 했다면 나는 그를 이렇게까지 비난할 것인가?

죄책감이 커지는 이유 중 하나는 우리 자신에게 더 엄격하기 때문이다. 남들에게는 "괜찮아, 실수할 수도 있지"라고 말하면서도, 자기 자신에게는 "난 너무 못됐어, 이런 실수를 하다니 최악이야"

라고 몰아붙인다. 죄책감이 밀려올 때, 감정이 아니라 사실을 바탕으로 판단하는 연습이 필요하다.

용서를 구할 수 있다면 망설이지 말고 행동하라

　우리는 때때로 누군가에게 잘못을 저지르고, 그 사실을 인정하는 것이 두려워 피하기도 한다. 하지만 죄책감은 우리가 잊어도 사라지지 않는다. 해결되지 않은 감정은 우리의 내면 어딘가에 남아 우리를 붙잡는다.

용서를 구할 수 있을 때 할 수 있는 행동
- 변명하지 말고 "내가 잘못했다"고 명확히 인정하기
- 상대방의 반응을 조작하려 하지 말고 받아들일 준비하기
- 사과 후에도 스스로를 계속 몰아세우지 않기

　용서는 상대가 받아들이지 않더라도 '나는 내 몫을 다했다'고 받아들일 수 있는 과정이다. 스스로를 계속 심판하는 대신 행동할 수 있는 부분은 행동하고 이제는 놓아주는 법도 배워야 한다.

해결할 수 없는 죄책감이라면,
'책임지는 방식'을 바꿔라

어떤 죄책감은 해결할 수 없다. 돌아가고 싶어도 돌아갈 수 없고, 사과하고 싶어도 더 이상 그 사람이 곁에 없는 경우도 있다. 그렇다면 이 감정을 어떻게 소화해야 할까? 이럴 때는 책임을 '자기 처벌'이 아니라 '실천'으로 바꿔보라.

- ⊙ 가족에게 상처를 주고 후회한다면
  → 지금 남아 있는 가족들에게 더 잘해주기
- ⊙ 중요한 기회를 놓쳐 후회한다면
  → 다음 기회를 잡을 준비를 하기
- ⊙ 후회스러운 선택을 했다면
  → 같은 실수를 반복하지 않도록 배우기

죄책감을 자책으로만 소비하면, 아무것도 바뀌지 않는다. 하지만 그것을 '더 나아지는 원동력'으로 바꾸면, 죄책감은 단순한 고통이 아니라 삶을 바꾸는 힘이 될 수 있다.

모든 죄책감을 내가 짊어질 필요는 없다

때로 우리는 내 책임이 아닌 일에도 죄책감을 느낀다.

- ⊙ 부모님이 힘들어하는 걸 보며 '내가 더 잘했어야 했다'고 생각할 때
- ⊙ 누군가 힘든 상황에 처했을 때 '내가 뭘 더 해줄 수 있었을까' 고민할 때
- ⊙ 관계가 틀어졌을 때 모든 책임이 내 탓인 것처럼 느껴질 때

하지만 세상의 모든 일은 나 혼자 만든 결과가 아니다. 다음과 같은 질문을 던져 보라.

- ⊙ 이 일이 나만의 책임인가?
- ⊙ 모든 것을 내 탓으로 돌리는 것이 현실적인가?
- ⊙ 다른 사람의 몫까지 내가 짊어지고 있는 건 아닐까?

우리는 타인에게 관대하지만, 자기 자신에게는 너무 쉽게 '죄인'이라는 낙인을 찍는다. 스스로에게 묻자. 정말 모든 것이 내 탓인가? 혹시 내가 감당할 필요 없는 죄책감까지 떠안고 있는 것은 아닐까?

**죄책감은 멈추기 위해가 아니라
나아가기 위해 존재한다**

죄책감은 우리가 더 좋은 사람이 되라는 신호일 수도 있다. 하지만 그 감정이 지나치게 크면, 우리는 죄책감 자체에 묶여 멈춰버린다. 죄책감이 나를 갉아먹고 있다면 이렇게 질문해 보라.

- **나는 이 감정을 어떻게 성장으로 바꿀 수 있을까?**
- **이 죄책감이 내 삶을 더 나아지게 만들려면 어떤 선택을 해야 할까?**

이 질문들에 올바른 답을 내릴 수 있다면 죄책감은 우리를 옭아매는 감정이 아니라 더 나은 방향으로 가기 위한 이정표가 될 수도 있다.

죄책감 활용법 결론

- ☑ 죄책감은 스스로를 처벌하라는 감정이 아니다. '더 나은 나'로 가라는 신호다.
- ☑ 죄책감이 실체보다 큰 감정인지, 현실적으로 측정하라.
- ☑ 용서를 구할 수 있다면 행동하고, 놓아주는 연습을 하라.
- ☑ 해결할 수 없는 죄책감이라면, 자기 처벌이 아니라 실천으로 바꿔라.
- ☑ 나 혼자 감당할 필요 없는 죄책감은 내려놓아라.
- ☑ 죄책감은 멈추기 위한 감정이 아니라, 성장하기 위한 감정이다.

죄책감을 느낀다는 것 자체로 이미 우리는 더 나은 사람이 되려 하고 있다는 뜻이다. 그렇다면 이제 그 감정을 스스로를 괴롭히는 도구가 아니라 앞으로 나아가는 연료로 바꿀 차례다.

07

수치심
: 나를 감추고 싶을 때 찾아오는 감정

―――― *Your emotions determine your life* ――――

수치심은 우리가 가장 숨기고 싶은 감정이다. 누군가 앞에서 실수했을 때, 내 약점이 드러났을 때, 사람들의 시선이 부담스러울 때, 그 감정은 몸을 움츠러들게 만들고, 우리에게 속삭인다.

- ⊙ 넌 부족해.
- ⊙ 사람들이 널 어떻게 볼 것 같아?
- ⊙ 이런 모습은 보여주면 안 돼.

수치심은 단순히 창피한 순간에서 끝나지 않는다. 그것은 우리를 움츠러들게 하고 행동을 주저하게 만들며 때로는 새로운 도전을 막아서는 벽이 되기도 한다. 나는 오랫동안 사람들의 시선을 의식했다. 다른 사람들보다 잘해야 했고 실수를 보이면 안 되었다. 사람들에게 어떻게 보일지를 고민하면서, 나 자신보다 타인의 평가를 더 중요하게 여겼다. 그런데 그렇게 살다 보니 정작 나는 나를 인정하지 못하고 있었다. 타인의 기준이 없었다면 나는 나를 부끄러워했을까? 수치심은 '내가 나를 어떻게 생각하는가'가 아니라 '세상이 나를 어떻게 볼 것인가'에서 시작된다. 그렇다면 우리는 이 감정을 어떻게 다뤄야 할까?

수치심을 유발하는 순간을 직면하라
: 나만 그런 게 아니다

수치심은 우리가 '이런 감정을 느끼는 건 나뿐일 거야'라고 생각할 때 가장 강해진다. 그러나 수치심을 유발하는 순간들은 누구나 한 번쯤 겪는다.

> **사람들이 가장 흔히 느끼는 수치심의 순간들**
>
> ⊙ 타인이 내가 거짓말했다는 것을 알게 되었을 때
>   → 정직하지 못한 내 모습을 들킨 데서 오는 도덕적 수치심
>
> ⊙ 조용히 감추고 싶었던 나의 과거(실패, 이혼, 질병, 빚 등)가 드러났을 때
>   → 자신이 감추려던 모습이 공개되는 데서 오는 내면적 수치심

⊙ 나보다 늦게 시작한 사람들이 나보다 빨리 성장하거나 성취를 이뤘을 때
　→ 스스로 뒤처지고 있다는 열등감에서 오는 수치심

⊙ 직장이나 집단에서 나만 제대로 역할을 하지 못한다고 느껴질 때
　→ 자기 몫을 다하지 못하는 무능력감에서 오는 수치심

⊙ 가장 가까운 사람에게 상처 주는 말을 했다는 것을 깨달았을 때
　→ 사랑하는 사람을 실망시키고 상처 입혔다는 자책감에서 오는 수치심

⊙ 사람들이 내가 어려움에 처했을 때 도와주는 게 아니라 불쌍하게 바라본다고 느껴질 때
　→ 동정이나 연민을 받을 때 느끼는 자존심의 상처와 수치심

⊙ 내가 어렵게 용기를 내어 부탁했는데 상대가 곤란한 기색을 보였을 때
　→ 상대방에게 폐를 끼쳤다는 생각과 스스로 무능력하다고 느껴지는 수치심

우리는 혼자만 그런 경험을 한 것처럼 느끼지만, 사실 수치심은 모두가 공유하는 감정이다. 그러므로 가장 먼저 해야 할 것은 이 감정을 '나만의 문제'로 여기지 않는 것이다.

'나는 틀렸다'가 아니라 '나는 성장 중이다'로 바꿔라

수치심은 우리를 쉽게 무너뜨린다. 그 감정이 강할수록, 우리는 "나는 부족한 사람이다"라는 낙인을 찍는다. 하지만 한 발짝 떨어져 보면 수치심을 느끼는 순간이야말로 우리가 성장하고 있다는 증거일 때가 많다. 이렇게 질문해 보자.

- ⊙ 이 실수 하나로 나는 정말 끝난 것인가?
- ⊙ 지금의 이 순간이 내 인생 전체를 결정짓는가?
- ⊙ 나는 이 경험을 통해 무엇을 배우고 성장할 수 있는가?

이러한 질문은 우리가 수치심이라는 감정에 압도당하는 대신, 객관적으로 상황을 바라볼 수 있게 도와준다. 스스로를 객관적으로 바라볼 수 있을 때 우리는 감정에서 벗어나 그 경험에서 배울 수 있는 교훈을 찾기 시작한다. 수치심을 없애려 하지 말고 그 감정을 성장의 과정으로 해석하는 연습을 하라. 그러면 부끄러움은 더 이상 '나를 부정하는 감정'도, 나의 가치를 떨어뜨리는 것도 아닌 다음 단계로 나아가는 계기가 된다.

수치심의 기준을 의심하라
: 이것은 정말 부끄러운 일인가?

수치심을 느끼는 이유는 단순하다. '이렇게 하면 안 된다'는 사회적 기준이 있기 때문이다. 그러나 우리는 이 기준이 절대적인 것처럼 받아들인다. 예를 들어보자.

- ⊙ **시험에서 떨어지면 부끄럽다.**
  → 하지만 실패는 누구나 경험한다.
- ⊙ **연애를 못 하면 부끄럽다.**
  → 하지만 관계는 타이밍이 있다.
- ⊙ **직업이 남들보다 안정적이지 않으면 부끄럽다.**
  → 하지만 삶의 방식은 다양하다.

그럴 때는 이렇게 질문해 보라.

- ⊙ **이 수치심의 기준은 누가 만든 것인가?**
- ⊙ **이것이 정말 '객관적으로 부끄러운 일'인가?**
- ⊙ **만약 다른 사람이 같은 경험을 했다면 나는 어떻게 말해줄 것인가?**

대부분의 경우 수치심은 우리가 만들어낸 환상일 뿐이다. 그 기준을 스스로 허물면 부끄러움은 더 이상 우리를 압박하지 못한다.

수치심이 행동을 막지 않도록 작은 노출부터 시작하라

수치심이 강할수록, 우리는 보이지 않으려 한다. 하지만 그렇게 숨을수록, 수치심은 더욱 강해진다. 수치심을 이기는 현실적인 방법은 조금씩 노출되는 것이다.

- ⊙ 발표가 두렵다면 작은 모임에서 먼저 이야기해 보기
- ⊙ 외모가 부끄럽다면 일부러 눈을 마주치며 걸어보기
- ⊙ 자신의 의견을 말하기 어렵다면 온라인 댓글부터 남겨보기

중요한 것은 완벽해진 후에 행동하는 것이 아니라 행동하면서 완벽해지는 법을 배우는 것이다. 수치심이 행동을 막는다면 그 감정을 느끼면서도 앞으로 나아가는 연습을 해야 한다.

가장 중요한 질문
: 나는 나를 어떻게 볼 것인가?

수치심은 타인의 시선에서 출발하지만, 결국 그 시선을 내면화하는 순간 우리를 지배한다. 그러므로 스스로에게 던져야 할 가장 중요한 질문은 이것이다.

- 나는 나를 어떻게 보고 싶은가?
- 이 경험이 나를 정의하도록 내버려 둘 것인가?
- 이 순간이 내 삶 전체를 대표하는가?

타인의 시선에서 벗어나려면 이렇게 생각하라.

- 사람들은 나에 대해 생각하는 것보다 훨씬 덜 신경 쓴다.
- 부끄러움을 피할 수 없다면, 그냥 겪고 지나가는 게 낫다.
- 이 순간이 1년 뒤, 5년 뒤에도 내게 중요한가?

수치심을 없애는 것이 아니라, 그 감정이 나를 지배하지 않도록 시각을 바꾸는 것이 중요하다.

수치심 활용법 결론

- ☑ 수치심은 숨으라는 신호가 아니라 당당해질 기회다.
- ☑ 수치심을 느끼는 순간은 누구나 있다. 나만 그런 게 아니다.
- ☑ '나는 틀렸다'가 아니라 '나는 성장 중이다'로 해석하라.
- ☑ 수치심의 기준을 의심하고, 정말 부끄러운 일인지 질문하라.
- ☑ 작은 행동부터 시작해서, 점점 수치심을 극복하는 연습을 하라.
- ☑ 결국 중요한 것은 "나는 나를 어떻게 볼 것인가?"에 대한 답이다.

수치심이 찾아올 때마다, 그 감정을 억누르거나 도망치려 하지 말고 "이 감정을 지나가게 두자"고 말하라. 그렇게 한 걸음씩 앞으로 나아가면, 어느 순간 그 감정은 더 이상 우리를 움츠러들게 하지 못할 것이다.

08

혐오, 불쾌함, 증오
'싫음'이라는 감정
―――― *Your emotions determine your life* ――――

혐오, 불쾌함, 증오는 강렬한 감정이다. 어떤 사람, 특정한 행동, 상황, 심지어는 내 자신에게까지 느껴질 수 있다.

- ⊘ 타인의 행동이 나를 불쾌하게 만들었을 때
- ⊘ 도저히 받아들일 수 없는 가치관을 마주했을 때
- ⊘ 뉴스나 SNS에서 분노를 유발하는 장면을 봤을 때
- ⊘ 예전의 실수를 떠올리며 나 자신이 미워질 때

이 감정들은 단순한 불쾌함에서 시작해, 어떤 경우에는 깊은 증오로까지 변하기도 한다. 이 감정이 쌓이면 사람을 미워하고, 사회를 냉소적으로 바라보고, 때로는 자기 자신마저 싫어하게 만든다.

하지만 혐오와 증오를 무작정 억누른다고 사라지지 않는다. 오히려 해결되지 않은 감정은 더 강력해지고, 결국 예상치 못한 순간에 폭발한다. 그렇다면 우리는 이 감정을 어떻게 다뤄야 할까? 어떻게 하면 혐오와 증오가 나를 갉아먹지 않으면서도 현실적으로 활용할 수 있을까?

혐오와 불쾌함의 '1차 감정'을 찾아라
: 감정의 근원을 분석하기

혐오와 불쾌함이 강한 이유는, 이 감정이 단독으로 존재하는 것이 아니라 다른 감정에서 파생되었기 때문이다. 예를 들어보자.

- ⊙ 어떤 사람의 행동이 불쾌하다 → 왜?
  → "나는 이런 가치를 중요하게 여기는데, 저 사람은 그렇지 않으니까."

- ⊙ 특정한 집단이 싫다 → 왜?
  → "과거에 비슷한 사람들에게 상처받았던 기억이 있어서."

- ⊙ 내 실수를 떠올릴 때 내가 싫다 → 왜?
  → "나는 완벽해야 한다고 믿는데, 그때 나는 그렇지 못했으니까."

혐오는 단순한 싫음이 아니다. 그 감정 뒤에는 내가 중요하게 여기는 가치, 기억, 믿음이 있다. 따라서 감정을 이렇게 분석해 보자.

- ⊙ 이 불쾌함의 원인은 뭘까?
- ⊙ 이 감정이 처음 시작된 순간은 언제였지?
- ⊙ 나는 무엇을 지키고 싶어서 이 감정을 느끼고 있는 걸까?

이렇게 하면, 혐오와 불쾌함이 단순한 감정이 아니라 내가 무엇을 중요하게 여기는지 알려주는 감정으로 변한다.

'거리 조절'이 필요하다
감정을 다스리는 현실적인 방법

혐오와 증오는 감정이 강할수록 우리를 감정적으로 휘두른다. 이럴 때 효과적인 방법이 있다. 바로 감정과 거리를 두는 것이다. 이렇게 실천해 보자.

- ⊙ 뉴스나 SNS에서 혐오감이 느껴질 때
  → 그 즉시 끄고 나를 보호하기
- ⊙ 특정한 사람에게 혐오가 쌓일 때

→ 직접적인 대결이 아닌 거리 두기를 선택하기
- 내 감정이 너무 강할 때
  → 즉각적인 반응을 멈추고 하루 정도 기다려 보기

혐오는 가까이할수록 커지고, 거리를 두면 서서히 흐려진다. 내 감정을 통제하는 힘은 '지금 이 감정에 휩쓸릴 것인가, 아니면 한 걸음 물러날 것인가?'에서 나온다.

혐오를 '방향성'으로 바꿔라

혐오는 단순히 부정적인 감정이 아니다. 그것은 우리가 무엇을 받아들이지 못하는지, 무엇을 지키고 싶은지 알려준다. 이 감정을 무작정 억누르거나 회피하는 대신 의미 있는 방향으로 전환해 보자. 예를 들어 보자.

- 특정한 집단이 싫다면
  → 무작정 비난하기보다 내가 지향하는 가치를 더 선명하게 만들어라.
- 사회적 부조리가 싫다면
  → 감정적으로 소모되지 말고 바꿀 수 있는 작은 행동을 찾아라.

- 내 과거가 싫다면
    → 후회하는 대신 '그때의 경험이 지금의 나에게 무엇을 남겼는 가?'를 기록해 보라.

이런 질문을 던져 보자.

- 나는 무엇을 받아들이지 못하는가?
- 이 감정이 내 삶의 방향을 정하는 데 어떤 힌트를 주는가?
- 이 감정을 단순한 혐오로 남기는 것이 아니라, 내 성장으로 연결하려면 어떻게 해야 할까?

혐오는 그저 싫음에서 끝나는 감정이 아니다. 그 감정이 왜 생겼는지 이해하고, 그것을 통해 '나는 어떤 사람이고 싶은가?'를 고민하라. 그러면 혐오는 더 이상 우리를 스스로를 소모시키는 감정이 아니라 삶의 기준을 선명하게 해주는 감정이 될 것이다.

증오에게 잡아 먹히지 않는 방법

증오는 가장 강한 감정 중 하나다. 문제는 그 감정을 품고 있으면 결국 그 화살이 '나'에게 돌아온다는 것이다. 증오가 나를 지배하기 전에 이렇게 해보자.

- ⊙ **감정이 폭발할 것 같다면**
  → 지금 당장 움직이며 감정을 분산시키기(산책, 운동, 청소 등)

- ⊙ **머릿속에서 계속 맴돈다면**
  → 종이에 적고 '이 감정을 내가 계속 가질 것인가?' 질문하기

- ⊙ **상대에게 직접 표출하고 싶다면**
  → '이 감정을 표현했을 때 내 인생이 더 나아질 것인가?' 생각하기

증오는 '가장 뜨거운 감정'이지만, 가장 빠르게 사그라지는 감정이기도 하다. 그 감정을 내버려 두면 점점 약해진다. 하지만 계속 붙잡고 있으면 결국 나를 갉아먹는다. 증오는 내 것이 아니라 잠시 머물다 갈 손님 정도로 여기자.

무관심으로 덮어라

증오와 혐오는 본질적으로 강한 에너지를 요구하는 감정이다. 하지만 그 감정이 항상 반응할 가치가 있는 것은 아니다. 우리는 때때로 불쾌함과 혐오를 느낄 대상을 과하게 중요하게 다루고 있다. 예를 들어 보자.

- ⊙ 어떤 사람의 행동이 싫다면?
    - → 그 사람을 신경 쓰는 시간을 줄이고, 애초에 관심을 덜 주는 방향으로 나아가라

- ⊙ 특정한 집단이나 의견이 불쾌하다면?
    - → 그것에 반응할수록 더 많은 에너지를 빼앗긴다. 무시할 수 있는 것들은 과감히 차단하라

- ⊙ 내 과거의 행동이 끔찍하다면?
    - → 계속 곱씹기보다, 지금의 나와 더 이상 관련이 없다는 것을 인정하고 놓아주자

스스로에게 이렇게 질문을 던져보자.

- ⊙ 이 혐오감이 정말 내 에너지를 소비할 가치가 있는가?
- ⊙ 내가 신경 쓰지 않으면, 이 감정은 결국 사라질 수 있는가?
- ⊙ 이것을 무시하는 것이 나에게 더 이득이 되는가?

때로는 가장 강력한 대처법이 아예 반응하지 않는 것일 수 있다. 혐오와 불쾌감은 관심을 먹고 자란다. 무의미한 감정 소모를 줄이기 위해, '그냥 관심을 끊어버리는 것'도 현명한 선택이 될 수 있다.

싫음 활용법 결론

- ☑ 혐오는 삼킬 감정이 아니라, 다룰 감정이다.
- ☑ 혐오와 불쾌함이 느껴지면, 그 감정의 근본을 분석하라.
- ☑ 감정을 조절하는 가장 현실적인 방법은 거리 조절이다.
- ☑ 혐오를 그대로 두지 말고, 반대 방향으로 바꿔 보라.
- ☑ 증오는 결국 내게 돌아온다. 붙잡지 말고 흘려보내라.
- ☑ 혐오의 감정을 무관심으로 덮어라 그냥 관심을 끊어버리는 것이 때로는 현명하다.

증오, 혐오와 불쾌함을 느끼는 것은 지극히 자연스러운 일이다. 그러나 그 감정이 나를 지배하도록 두지 않고, 내가 통제할 수 있는 감정으로 만드는 것. 그것이 우리가 혐오를 다루는 가장 현명한 방법이다.

09

무기력
: 아무것도 하기 싫은 날을 대하는 태도

―――― *Your emotions determine your life* ――――

무기력은 갑자기 찾아오는 감정이 아니다. 어쩌면 우리는 이미 에너지를 다 소진한 상태일지도 모른다.

- ✓ 뭔가를 완벽하게 해내려고 노력했던 순간들
- ✓ 기대했던 결과가 나오지 않아 스스로를 채찍질했던 시간들
- ✓ 끝없이 앞으로 달려가야 한다는 압박감 속에서 살아온 나날들

그러다 문득, 몸과 마음이 멈춰버린다. "더는 하고 싶지 않아", "아무 의미가 없는 것 같아", "그냥 내일 할까?" 하는 생각들은 우리를 아무것도 하기 싫다는 감정에 빠트린다. 하지만 우리는 종종 무기력을 게으름이나 의지 부족으로 오해한다. 무기력을 탓하기

전에 왜 내 몸과 마음이 지금 이 상태가 되었는지 먼저 돌아봐야 한다. 그리고 그 감정을 무작정 떨쳐내려 하기보다 그 속에서 나를 회복하는 방법을 찾아야 한다.

무기력은 에너지를 다 써버렸다는 신호일 수 있다
: 내 탱크를 점검하라

무기력한 상태가 지속될수록 우리는 "왜 이렇게 아무것도 못 하지?", "나 진짜 한심하다"라며 스스로를 다그친다. 하지만 우리가 보지 못하는 중요한 사실이 있다. 지금 무기력한 이유는, 사실 그 전까지 너무 열심히 살아왔기 때문일 수도 있다. 이럴 때 다음 질문을 던져보자.

- ⊘ 나는 최근 '완벽하게 해내야 한다'는 압박감을 느끼지는 않았는가?
- ⊘ 사람들에게 좋은 모습만 보이려고 에너지를 과하게 쓰지 않았는가?
- ⊘ 실패를 받아들이지 못하고, 더 노력해야 한다고 스스로를 몰아세우지 않았는가?

무기력의 해결책은 더 열심히 하려는 것이 아니라, 내 에너지를 재충전하는 것이다.

- ⊙ 잘 쉬고 있는가?
  - → 단순한 멍 때리기가 아니라, 몸과 마음이 회복되는 진짜 쉼
- ⊙ 내 감정이 건강한가?
  - → 나를 몰아붙이는 것이 아니라 스스로에게 따뜻한 말을 해줄 수 있는 상태
- ⊙ 내가 지금 하고 있는 일이 진짜 의미가 있는가?

무기력을 무조건 극복하려 하지 말고, "나는 충분히 지칠 만한 상태였다"라고 먼저 인정하는 것이 필요하다. 그렇게 해야, 다시 움직일 수 있는 힘이 생긴다.

무기력할 땐 일을
줄이는 것이 아니라 부담을 줄여라

무기력할 때 사람들은 일을 미뤄두고 아무것도 하지 않으려 한다. 하지만 일 자체를 줄이는 것보다 중요한 것은, 그 일이 주는 압박감을 덜어내는 것이다. 이렇게 접근해 보자.

- ⊙ 완벽하게 해야 한다는 강박을 없애라.
  - → "그냥 10%만 해볼까?"

- 목표를 터무니없이 작게 쪼개라.
    → "일단 문서 파일만 열어볼까?"
- 기한을 유연하게 조정하라.
    → "지금이 아니어도 괜찮아. 하지만 조금이라도 해보자."

무기력할 때 가장 중요한 원칙은 '완벽하지 않아도 괜찮다. 일단 가볍게 시작하는 것이 목표다'라고 생각하는 것이다. 작은 행동이라도 시작하면 그 자체가 동력이 되어 다음 행동으로 이어질 가능성이 커진다.

무기력할 때 '이상한 행동'을 해보자
: 뇌를 새롭게 자극하는 법

무기력할 때 가장 어려운 것은 생각을 끊고 움직이는 것이다. 이럴 때 도움이 되는 것이 논리적으로 말이 안 되는 행동을 해보는 것이다.

❶ 현실적인 '이상한 행동' 리스트
- 혼자 카페에 가서 앉아 있는 모든 사람들의 직업을 추측해보기

- ⊘ 마트에 가서 평생 한 번도 사본 적 없는 식재료를 골라 요리해보기
- ⊘ 낯선 길로 걸어가면서, '이 길을 처음 온 여행자'라고 상상해보기
- ⊘ 책을 아무 페이지나 펼쳐서, 거기 나온 단어 3개로 오늘 하루를 만들어보기
- ⊘ 하루 동안 무조건 왼손(혹은 오른손)만 쓰기로 하기
- ⊘ 식당에서 메뉴판을 보지 않고 직원 추천으로만 주문해보기
- ⊘ 평소에 절대 듣지 않는 장르의 노래를 들으면서 30분 동안 산책해보기

❷ **왜 효과적인가?**

- ⊘ 무기력한 뇌를 깨우는 새로운 자극이 된다.
- ⊘ 해야 할 일이 아니라 하고 싶은 일이 되면서 자연스럽게 움직이게 된다.
- ⊘ 논리적인 생각을 멈추고, 감각적으로 반응하는 경험을 하게 된다.

무기력할 때는 생산적인 일을 하기보다 뇌를 다른 방식으로 움직이게 하는 것이 중요하다. 이상한 행동이 오히려 동기가 되어 결국 해야 할 일로 자연스럽게 돌아오게 되는 경우가 많다.

무기력과 싸우지 말고 그냥 옆에 두고 살아보기

많은 사람들이 무기력을 극복하려고 한다. 하지만 무기력과 싸울수록, 그 감정은 더 강하게 우리를 지배한다. 이렇게 접근해 보자. "그래, 오늘은 무기력해도 괜찮아. 그럼 그냥 '무기력한 나'랑 같이 살아볼까?"

실천 방법

- ⊙ 아예 아무것도 하지 않는 것이 아니라 무기력한 상태에서도 할 수 있는 최소한의 행동을 해보기
- ⊙ 침대에서 일어나서 물 한 잔 마시기
- ⊙ 핸드폰 보는 대신 창밖을 5분만 바라보기
- ⊙ 음악을 들으며 그냥 몸을 조금 움직여보기

무기력해도 괜찮다. 다만 완전히 그 감정에 삼켜지지 않도록 작은 움직임을 남겨두자. 그러면 어느 순간 무기력과 싸우지 않고도 조금씩 벗어나고 있는 자신을 발견할 것이다.

무기력은 '리셋 버튼'일 수도 있다
: 내 삶의 방향을 다시 점검하라

무기력이 오랜 기간 지속된다면, 이건 단순한 감정이 아니라 내

삶이 변화를 원하고 있다는 신호일 수 있다. 이런 질문을 던져보자.

- ⊙ 지금 내가 하고 있는 일이 정말 의미가 있는가?
- ⊙ 이 무기력은 내가 무엇을 놓치고 있다는 신호일까?
- ⊙ 내가 요즘 내 삶에서 가장 즐거웠던 순간은 언제였나?

해결책

- ⊙ 지금 하는 일의 의미를 다시 찾아보라
- ⊙ 생활 패턴을 바꿔라
  → 출근/공부 장소를 바꾸기, 가는 길을 다르게 해보기
- ⊙ 무기력을 주는 환경을 바꿔 보라
  → 집 정리, 새로운 공간 가보기

무기력은 단순한 게으름이 아니다. 때로는 삶이 '이 방향이 맞는지 다시 생각해 보라'는 신호일 수도 있다. 그렇다면, 그 신호를 무시하지 말고 '나는 지금 뭘 바꾸고 싶은 걸까?'라는 질문을 던져 보자.

무기력 활용법 결론

- ☑ 무기력은 없애야 할 감정이 아니라, 활용해야 할 감정이다.
- ☑ 무기력은 단순한 게으름이 아니라, 이미 에너지를 다 써버렸다는 신호일 수도 있다.
- ☑ 해야 할 일을 줄이는 것이 아니라, 그 일이 주는 부담을 줄여라.
- ☑ '이상한 행동'을 통해 새로운 자극을 주면 무기력이 자연스럽게 풀릴 수 있다.
- ☑ 무기력과 싸우지 말고, 그냥 그 상태에서도 최소한의 움직임을 해보라.
- ☑ 무기력은 변화의 전조일 수 있다. 내 삶의 방향을 다시 점검하라.

무기력은 끝이 아니라 다시 시작하기 전의 정지 상태일 수 있다. 그렇다면 이 감정을 어떻게 활용할지에 집중해 보자. 그 속에서 당신만의 리듬을 다시 찾을 수 있을 것이다.

10

배신감
: 가장 가까운 사람에게 등을 돌렸을 때
―――― *Your emotions determine your life* ――――

믿었던 사람이 나를 속였을 때, 신뢰했던 관계가 한순간에 깨졌을 때, 나와 가장 가까웠던 사람이 나를 떠났을 때와 같은 순간에 드는 배신감은 단순한 실망이 아니다. 그 감정은 우리 안에서 분노로, 슬픔으로, 허무함으로, 때로는 '나는 이제 누구도 믿을 수 없을 것 같다'는 냉소로 변한다.

사람들은 배신을 당하면 두 가지 반응을 보인다. 누군가는 극단적인 분노를 선택한다. 배신한 사람을 증오하며, 그 감정을 복수심으로 승화한다. 또 다른 누군가는 모든 인간관계를 의심하며 다시는 이런 상처를 받지 않기 위해, 사람들과 거리를 둔다. 하지만 배신감이 무서운 진짜 이유는 그 감정이 우리 자신을 파괴하기 때문이다. "내가 뭘 잘못했을까?", "왜 나는 이런 사람을 믿었을까?", "다시는 누구도 믿지 않을 거야." 같은 생각들을 자세히 살펴보면 결국 배신당한 건 내가 아닌데 그 감정의 후폭풍이 나를 무너뜨리고 있는 것들이다. 그렇다면 배신감 속에서 우리가 할 수 있는 건 무엇일까? 이 감정을 어떻게 다뤄야 내 삶을 무너지지 않게 지킬 수 있을까?

배신이 깨뜨린 것은 사람이 아니라 기대이다

배신을 당했을 때 가장 먼저 떠오르는 생각은 "이 사람은 대체 왜 그랬을까?"이다. 하지만 진짜 중요한 질문은 이것이다. "나는 이 사람에게 무엇을 기대하고 있었을까?"

우리는 왜 배신을 당하는가?

- ⊘ 누군가 '평생 내 곁에 있을 것'이라 믿었기 때문에
- ⊘ 그 사람이 '절대 나를 저버리지 않을 것'이라 생각했기 때문에
- ⊘ 관계에 대한 기대가 너무 컸기 때문에

하지만 사람은 변하고, 관계도 변한다. 그러니 배신은 사실 '그

사람이 나빠서'라기 보다, '내가 기대했던 모습이 깨졌기 때문에' 더 아픈 감정이 된다. 이렇게 질문해 보자.

- ⊙ 나는 이 사람에게 어떤 기대를 하고 있었지?
- ⊙ 그 기대는 현실적으로 가능한 것이었을까?
- ⊙ 이 기대가 깨졌다는 사실이, 정말 내 삶을 망칠 만큼 큰 일인가?

배신감을 다루는 첫 번째 방법은 상대가 아니라 나의 기대를 돌아보는 것이다.

배신했다 vs 변했다
: 관점을 바꿔보면 덜 아프다

배신감을 느낄 때 우리는 상대를 '배신자'로 규정한다. 그 순간, 그 사람은 더 이상 좋은 사람이 아니고 그동안의 모든 관계가 거짓이었던 것처럼 느껴진다. 하지만 이렇게 생각해 보면 어떨까? "이 사람은 변했을 뿐이다."

- ⊙ **사랑한다고 했던 연인이 떠났다**
  → 그때의 감정은 진짜였지만, 지금은 변했을 뿐이다.

- ⊙ 절친했던 친구가 등을 돌렸다
    → 우리는 서로 다른 방향으로 성장했을 뿐이다.
- ⊙ 신뢰했던 동료가 내 뒤통수를 쳤다
    → 그 사람의 선택이 달라졌을 뿐이다.

왜 이 생각이 중요한가?

- ⊙ 배신감이 주는 가장 큰 고통은 '나는 다 속았던 거야'라는 생각에서 온다.
- ⊙ 하지만 당시의 감정은 거짓이 아니었다. 단지 사람이 변했을 뿐이다.
- ⊙ 관계를 완전히 부정하는 대신, 그 사람이 변한 과정을 인정하면 감정의 무게가 조금 덜어진다.

이해할 필요는 없다. 다만, 이 변화가 배신이 아니라 변화였다고 인정하면 우리는 그 감정에 덜 휘둘릴 수 있다.

배신감을 사람이 아니라
경험으로 받아들여라

배신을 당하면 우리는 두 가지 선택을 할 수 있는데 그 중 하나가 사람을 불신하며 살아가는 것이다. 이렇게 질문해 보자.

- ⊘ 이 경험이 내게 가르쳐준 것은 무엇인가?
- ⊘ 내가 앞으로 인간관계를 맺을 때, 어떤 기준을 가져야 할까?
- ⊘ 이 배신이 나를 더 나은 사람으로 만들려면 나는 지금 무엇을 할 수 있을까?

결국 중요한 것은 사람이 아니라 '나'다. 이 경험을 통해 나는 더 신중한 사람이 될 수도 있고, 더 나은 관계를 선택하는 사람이 될 수도 있다. 배신은 상처로만 남길 수도 있고, 삶의 중요한 가르침으로 바꿀 수도 있다. 선택은 나에게 있다.

배신의 감정을
복수가 아니라 거리 두기로 해결하라

배신을 당하면 가장 먼저 드는 감정이 있다. "저 사람도 똑같이 당했으면 좋겠어." 하지만 복수는 해결책이 아니다.

- ⊘ 복수를 해도 관계는 돌아오지 않는다.
- ⊘ 복수를 해도 상처는 치유되지 않는다.
- ⊘ 오히려 그 사람에게 계속 얽매이게 된다.

대신 이렇게 하자.

- ⊙ 나는 이 사람을 내 인생에서 제외한다.
- ⊙ 이 사람에게 내가 더 이상 감정을 소모하지 않는다.
- ⊙ 이 관계에서 배운 교훈을 바탕으로 더 나은 선택을 한다.

복수보다 강한 것은 무관심과 거리 두기다. 상대를 증오하며 감정적으로 소비하는 것이 아니라 그 사람이 내 삶에서 더 이상 영향을 미치지 못하게 만드는 것, 그것이 진짜 '나를 위한' 선택이다.

배신은 신뢰를 무너뜨리지만 '나'를 무너뜨릴 필요는 없다

배신을 당하면 우리는 신뢰 자체를 부정하고 싶어진다. "이제 누구도 믿지 말아야지." 하지만 신뢰 없는 삶은 외롭다. 우리는 인간관계를 통해 성장하고, 서로를 믿으며 더 나은 사람이 된다.

배신을 경험한 후, 다시 신뢰를 회복하는 방법

- ⊙ 사람을 무조건 믿지 말고, '검증된 행동'만 믿어라.
- ⊙ 모든 인간관계를 의심하는 것이 아니라, '더 건강한 기준'을 세워라.

◉ **배신을 '내가 잘못해서'라고 생각하지 말고, '이 관계가 거기까지였을 뿐'이라고 받아들여라.**

배신은 아프지만 그 경험이 내 삶 전체를 뒤흔들 필요는 없다. 중요한 것은 그 사람이 아니라, '내가 앞으로 어떻게 살아갈 것인가'이다.

배신 활용법 결론

- ☑ 배신감은 사람을 미워하라는 감정이 아니라, 더 나은 관계를 선택하라는 메시지다.
- ☑ 배신이 깨뜨린 것은 사람이 아니라 기대다.
- ☑ 배신을 변화로 받아들이면 감정의 무게가 덜어진다.
- ☑ 배신을 사람이 아니라 경험으로 받아들이면 성장할 수 있다.
- ☑ 복수보다 강한 것은 거리 두기와 무관심이다.
- ☑ 신뢰 자체를 부정하지 말고, 더 건강한 관계를 선택하는 기준을 만들자.

배신은 우리를 무너뜨릴 수도 있고, 더 단단하게 만들 수도 있다. 어떤 의미로 남길지는 이제 당신이 결정할 차례다.

11

후회와 미련
: 바꿀 수 없는 과거에 발목 잡힐 때

Your emotions determine your life

후회는 끝없이 따라붙는다. "그때 왜 그랬을까", "그 선택만 하지 않았더라면", "다시 기회가 온다면 다르게 할 수 있을까" 과거의 한 순간이 떠오를 때마다 우리는 그 장면을 돌려보고 또 돌려본다. 머릿속에서 수십 번 되감기를 눌러가며, 다르게 했다면 지금의 나는 어떻게 되었을지를 상상한다.

그러나 한 가지 사실을 잊고 있다. 우리가 그때로 돌아갈 수는 없다는 것. 이 단순한 진실을 받아들이는 것은 생각보다 어렵다. 그래서 후회는 현재를 붙잡아 놓고, 미련은 앞을 보지 못하게 만든다. 그렇다면 후회와 미련을 무조건 없애려 하기보다 그 감정을 현실적으로 다룰 수 있는 방법을 찾아야 한다.

후회를 반복 재생하지만 말고 재해석하라

우리는 후회를 할 때마다 그 장면을 마치 오래된 녹음기를 되감기해서 듣는 것처럼 그대로 다시 틀어놓는다. 그러나 문제는 이 기억이 지금의 시점에서 재편집된 것일 수도 있다는 점이다. 이렇게 질문해 보자.

- 내가 기억하는 그 순간이 정말 100% 사실일까?
- 그때 나는 정말 다른 선택을 할 수 있었을까?
- 그때의 내가 가진 정보와 지금의 내가 가진 정보는 다르다. 그렇다면, 그때 나는 최선을 다한 것 아닐까?

후회는 기억을 왜곡한다. 지금의 우리는 더 많은 경험을 쌓았고 그때보다 더 많은 걸 알게 되었기 때문에, 그때의 선택이 더 미숙해 보이는 것일 뿐이다. 그때로 돌아간다면 다르게 할 수 있을까? 아니다. 그때의 나는 그때의 정보와 감정 속에서 최선의 선택을 했다. 그러니 후회할 것이 아니라, "나는 그때 최선을 다했을까?"만 질문하자.

미련을 감정이 아니라 '데이터'로 다뤄라

미련은 감정적으로 붙잡고 있을 때 더 강해진다. "그 사람이 그립다", "그 직장을 놓친 게 너무 아깝다", "그 선택을 하지 않았더라면 지금은 달라졌을까?" 그러나 미련을 감정이 아니라 데이터로 분석하면 감정의 무게가 줄어든다.

미련을 분석하는 3단계

- ⊙ 그때 내가 놓친 것, 잃은 것이 무엇인가?
- ⊙ 그 대신 지금 내가 얻은 것은 무엇인가?
- ⊙ 지금의 내 삶이 정말 그때보다 더 나쁜가? 아니면 단지 다를 뿐인가?

감정적으로 후회하는 것과 객관적으로 돌아보는 것은 다르다. 미련이 남는 이유는 우리가 지금 가지고 있는 것보다 잃어버린 것에 집중하기 때문이다. 그러나 모든 선택에는 대가가 따른다. 무언가를 잃었지만 그 대신 또 다른 무언가를 얻었다. 나는 잃은 것만 바라보고 있는가? 아니면 그 과정에서 얻은 것들도 함께 보고 있는가? 이 질문을 스스로 던지면 미련이 단순한 감정이 아니라, 데이터로 정리될 수 있다.

후회와 미련을
의식적으로 소비하는 시간을 만들어라

후회와 미련은 우리가 억누를수록 강해진다. 억지로 생각하지 않으려 할수록 머릿속에서는 더욱 강하게 떠오른다. 이럴 때는, 차라리 후회를 위한 시간을 만들어라.

- ⊘ 하루에 10분, 일부러 후회를 곱씹는 시간을 갖는다.
- ⊘ 후회되는 일에 대해 마음껏 생각하고, 충분히 감정을 느낀다.
- ⊘ 그 시간이 지나면 "오늘의 후회는 끝"이라고 선언한다.

왜 효과적인가?

- ⊘ 후회를 없애려 하면 할수록 더 강해지지만, 일부러 소비하는 시간을 가지면 오히려 감정이 줄어든다.
- ⊘ 의도적으로 후회를 소비하면, 그 감정이 통제 불가능한 것이 아니라 내가 다룰 수 있는 감정이 된다.

후회를 억누르려 하지 말고, 후회할 시간을 만들어라. 그러면 후회가 일상을 지배하지 못한다.

후회하는 순간을 현재로 가져와 다시 살아보라

어떤 후회는 단순히 감정이 아니라, 내가 정말 원하는 것을 알려주는 신호일 수도 있다. 예를 들어 보자.

- ⊙ "그때 도전하지 못한 게 후회된다."
  → 지금이라도 비슷한 도전을 해보자.

- ⊙ "그때 그 말을 하지 못한 게 후회된다."
  → 지금이라도 솔직한 대화를 시도해 보자.

- ⊙ "그때 선택이 잘못된 것 같다."
  → 지금 새로운 선택을 해보자.

실천법

- ⊙ 그때 못 했던 것을 지금 할 수 있는 방식으로 변형해 도전해 본다.
- ⊙ 과거로 돌아갈 수 없지만 비슷한 경험을 통해 미련을 줄일 수 있다.
- ⊙ "이미 늦었다"고 생각하는 순간,

우리는 후회를 가둬 두지만 지금이라도 할 수 있는 게 있을까 하며 질문을 던지면 후회는 더 이상 우리를 붙잡아 두지 못한다.

후회는 끝이 아니라 다음 선택을 위한 기준이다

후회를 하는 이유는 앞으로는 더 나은 선택을 하고 싶기 때문이다. 그렇다면 이 감정을 나를 괴롭히는 도구가 아니라 더 나은 기준을 세우는 도구로 활용하면 어떨까? 이렇게 질문해 보자.

- 이 후회를 통해 나는 다음에 무엇을 다르게 할 것인가?
- 앞으로 나는 어떤 선택 기준을 가질 것인가?
- 이 후회를 내 성장의 발판으로 쓰려면 어떻게 해야 할까?

후회는 앞으로의 삶을 바꾸는 기준이 될 수 있다.

- 한 번의 선택이 잘못되었을 수는 있지만, 그 경험이 쌓이면 우리는 더 나은 선택을 하게 된다.
- 중요한 것은 그때의 경험을 무의미하게 흘려보내지 않는 것이다.

"나는 후회를 통해 내가 더 나은 선택을 하는 사람이 될 것이다"라고 다짐하는 순간, 후회는 단순한 감정이 아니라 삶을 성장시키는 연료가 된다.

후회 활용법 결론

- ☑ 후회는 과거를 바꾸라는 신호가 아니라 미래를 더 잘 선택하라는 신호다.
- ☑ 후회를 반복 재생하지 말고 재해석하라.
- ☑ 미련을 감정이 아니라 데이터로 정리하라.
- ☑ 후회를 일부러 소비하는 시간을 만들어라.
- ☑ 후회하는 순간을 현재로 가져와 다시 살아보라.
- ☑ 후회는 끝이 아니라 다음 선택을 위한 기준이다.

후회는 괴로운 감정이지만 그 감정을 어떻게 활용하느냐에 따라 우리 삶의 방향이 완전히 달라질 수 있다. 후회를 두려워하지 말고, 그 감정을 내가 원하는 삶을 위해 사용하라.

12

억울함
: 부당한 감정에서 나를 지켜내는 법
―― *Your emotions determine your life* ――

    억울함은 예상치 못한 순간에 찾아온다. 내가 한 노력이 다른 사람에게 가로채졌을 때, 억울한 오해를 받아 해명할 기회조차 없었을 때, 내가 정당한 대우를 받을 자격이 있음에도 외면 당했을 때, 규칙을 지킨 사람이 손해를 보고 편법을 쓴 사람이 이득을 볼 때 등이 그렇다. 억울함은 단순한 불만이 아니다. 그것은 공정하지 않다는 것을 마주했을 때 오는 감정이다. 분노와 함께 찾아오지만 쉽게 풀 수 없다. 변명하려 하면 더 불리해지고, 참으면 속이 더 문드러진다. 억울함이 무서운 이유는 그 감정을 풀 방법이 없을 때 나를 갉아먹는 독이 되기 때문이다. 계속 곱씹고, 되새기고, "그때 내가 더 강하게 나갔어야 했는데", "내가 바보 같아서 이렇게 됐나?",

"세상은 원래 불공평한 걸까?"라고 생각하게 된다. 하지만 억울함을 해결할 수 없다고 해서 그 감정에 갇힐 필요는 없다. 억울함을 풀어내고, 더 이상 그 감정에 휘둘리지 않는 방법을 찾아야 한다.

억울함의 크기를 현실적으로 측정하라
: 감정과 피해를 분리하기

억울함을 느끼면 우리는 그 사건을 100% 감정적으로 해석한다. 상대가 일부러 나를 무시했다고 느끼고, 내가 정당한 대우를 받지 못했다고 확신하며, 이 일이 너무 심각하게 느껴진다. 하지만 한 걸음 물러나 이 일이 내 삶에 정말 얼마나 영향을 미치는지 측정해 보자. 이렇게 질문해 보자.

- ⊙ 이 억울함이 내 인생 전체를 망칠 정도의 사건인가?
- ⊙ 내가 감정적으로 과장해서 받아들이고 있는 부분은 없는가?
- ⊙ 6개월 뒤, 1년 뒤에도 이 일이 이렇게까지 중요한가?

억울함은 감정이 강할수록 실제보다 더 부풀려진다. 내 감정을 인정하되 그 일이 내 인생을 얼마나 망칠 수 있는지 객관적으로 보는 연습이 필요하다. "이 일은 크지만, 내 삶 전체보다 크지는 않다." 이렇게 생각을 할 수 있다면, 억울함이 나를 잡아먹지 못한다.

억울함을 말이 아니라 결과로 풀어라

억울할 때 우리는 억울함을 말로 풀려고 한다. 억울한 오해를 해명하려 하고, 내 노력을 인정받으려 하고, 상대가 내 감정을 이해해 주길 바란다. 하지만 현실은 다르다. 변명하면 더 불리해지고 억울함을 털어놓아도 남들은 쉽게 공감하지 않는다.

- ⊙ 말로 싸우는 대신 결과로 보여줘라.
- ⊙ 억울함을 동기로 바꿔 이제 더 강해지겠다는 결심을 하라.
- ⊙ 그들이 인정하지 않더라도 내가 증명하면 그만이다.

이렇게 질문해 보자.

- ⊙ 내가 할 수 있는 가장 효과적인 반격은 무엇인가?
- ⊙ 이 억울함을 에너지로 바꿔 더 나은 결과를 만들 수 있는가?
- ⊙ 내가 증명해야 할 대상이 정말 저 사람인가 아니면 나 자신인가?

억울함을 말로 푸는 사람은 쉽게 잊히지만, 억울함을 결과로 푸는 사람은 끝까지 기억된다.

억울함에 빠진 나와 거리 두기
: 감정의 늪에서 빠져나오는 법

억울함이 오래 지속되면 우리는 과거를 곱씹으며 화를 내고, 상대를 증오하고, 상황을 계속 되새긴다. 하지만 문제는 그 감정이 오래 지속될수록 가장 손해 보는 사람은 '나'라는 것이다. 이렇게 해 보자.

- ⊙ 지금 내 감정을 제3자의 시점에서 바라보기
- ⊙ 이 사건을 친구가 겪었다면 나는 어떻게 조언할지 생각해 보기
- ⊙ 이 억울함을 내 감정의 일부가 아니라 하나의 사건으로 분리할 수 있을지 생각해 보기

억울함은 감정과 동일시될수록 깊어진다. 하지만 감정과 거리 두기를 하면 그 감정을 객관적으로 다룰 수 있는 힘이 생긴다. 나는 억울한 일을 겪었지만, 그것이 '나 자체'가 될 필요는 없다.

복수를 꿈꾸지 말고 억울함을 이용하라

억울할 때 가장 먼저 드는 생각은 복수하고 싶다는 것이다. 그 사

람도 똑같이 당했으면 좋겠고, 내가 당한 걸 꼭 알게 하고 싶고, 이 불공평함을 되갚아 주고 싶다. 하지만 복수는 예상보다 비효율적인 전략이다. 상대는 내가 신경 쓰는 것만큼 나를 신경 쓰지 않을 수도 있고, 복수에 집착하면 내가 내 감정에 갇혀버린다. 시간이 지나면 결국 내가 더 손해 본 기분이 든다.

- 복수가 아니라 내가 더 잘되는 것에 집중하라.
- 상대를 이기려 하지 말고, 내 삶에서 더 나은 선택을 하라.
- 증명하려 하지 말고, 더 좋은 결과로 보여줘라.

복수는 상대를 겨냥하지만, 진짜 강한 사람은 자기 인생을 겨냥한다.

억울함을 성장의 도구로 삼아라
: 이 감정이 나를 더 강하게 만든다면?

억울함을 경험한 사람들은 더 신중한 선택을 하고, 관계를 보는 눈이 생기고, 자신을 더 단단하게 만든다. 결국, 억울함도 "이것이 나를 성장시키는 감정이라면?"이라는 질문을 던지는 순간 다르게 작용한다. 이렇게 질문해 보자.

- ⊙ 이 사건을 통해 나는 무엇을 배웠는가?
- ⊙ 앞으로 같은 상황이 반복되지 않으려면 나는 무엇을 바꿔야 하는가?
- ⊙ 이 경험이 나를 더 단단하게 만들려면 나는 지금 무엇을 해야 하는가?

억울함은 무조건 나쁜 감정이 아니다. 그것을 잘 다루는 사람은 더 강한 사람이 된다. 억울함을 성장의 도구로 삼으면 나는 더 이상 피해자가 아니다. 나는 더 단단해진다.

억울함 활용법 결론

- ☑ 억울함은 세상을 원망하라는 감정이 아니라 더 강해지라는 감정이다.
- ☑ 억울함의 크기를 현실적으로 측정하라.
- ☑ 감정으로 싸우지 말고, 결과로 승부하라.
- ☑ 억울한 감정에 빠지지 말고, 거리 두기를 연습하라.
- ☑ 복수를 꿈꾸지 말고, 내가 더 나아지는 것에 집중하라.
- ☑ 억울함을 성장의 도구로 삼아라.

억울함을 느끼는 순간 우리는 선택할 수 있다. 이 감정에 휘둘릴 것인가, 아니면 이 감정을 내 편으로 만들 것인가. 세상은 항상 공정하지 않다. 하지만 나는 그 속에서도 나를 단단히 지켜낼 수 있다.

13

좌절감
: 무너지는 순간
다시 일어설 수 있는 방법

Your emotions determine your life

좌절감은 한 번의 실패에서 오는 것이 아니다. 그것은 여러 번의 시도 끝에도 아무것도 변하지 않을 때 찾아온다.

- ⊙ 노력했는데도 결과가 나오지 않았을 때
- ⊙ 아무리 애써도 같은 실수를 반복할 때
- ⊙ 포기하고 싶어도 포기할 수도 없을 때
- ⊙ 다시 시작하기엔 너무 늦은 것 같을 때

좌절감은 단순한 감정이 아니다. 그것은 "나는 더 이상 나아질 수 없다"는 믿음과 함께 온다. 그리고 그 감정이 쌓이면 우리는 멈추게 된다. 그러나 좌절을 피하려 할수록 그 감정은 더욱 강하게 붙잡는다. 그렇기 때문에 좌절감을 없애려 하지 말고 활용할 방법을 찾아야 한다.

더 노력해야 한다는 생각을 버려라
: 방향을 바꿔야 할 때

좌절하는 사람들의 가장 큰 착각은 조금만 더 노력하면 된다는 것이다. 하지만 같은 방식으로 반복해서 노력해도 결과가 바뀌지 않는다면 문제는 노력이 아니라 방향이다. 이렇게 질문해 보자.

- ⊘ 나는 정말 더 많이 노력해야 하는 걸까, 아니면 다른 방법을 찾아야 하는 걸까?
- ⊘ 내가 지금까지 시도했던 방법 중에서 통하지 않았던 것은 무엇인가?
- ⊘ 완전히 새로운 방식으로 접근하면, 결과가 달라질 가능성이 있는가?

좌절감을 없애는 것이 아니라, 좌절이 가리키는 방향을 읽어라. 좌절은 멈추라는 신호가 아니라 지금까지의 방식은 아니었다는 신호일 수도 있다.

목표를 버리고 전략가가 되어라

좌절은 우리가 하나의 길만 있다고 믿을 때 가장 강해진다. "이 길이 아니면 안 돼", "이 방법으로 성공해야 해", "이 관계는 반드시 유지해야 해." 하지만 진짜 강한 사람들은 목표에 집착하는 대신 전략을 바꾼다. "이 방식이 안 통한다면 다른 방법을 찾으면 되지", "내가 원하는 결과를 얻기 위해 더 효과적인 길을 찾을 수 있어" 하며 말이다. 예를 들어 보자.

- ⊙ **(목표)나는 반드시 이 회사에 취업해야 해.**
  → 나는 이 업계에서 살아남을 방법을 찾는 사람이 된다.

- ⊙ **(목표)나는 이 프로젝트를 무조건 성공시켜야 해.**
  → 나는 실패해도 다시 시도할 기회를 만들어내는 사람이 된다.

- ⊙ **(목표)나는 반드시 이 관계를 회복해야 해.**
  → 나는 더 건강한 관계를 구축하는 방법을 배우는 사람이 된다.

목표가 깨지면 좌절하지만 전략은 유연하게 수정할 수 있다. 목표를 바꿀 순 없어도 접근 방식을 바꾸면 같은 실패도 완전히 다른 의미로 해석할 수 있는 길이 열린다. 다. "나는 한 가지 길만 있는 사람이 아니다", "나는 어떤 상황에서도 길을 만들어낼 수 있는 사람이다"처럼 말이다.

좌절을 분해하라
: 이 감정은 한 덩어리가 아니다

좌절은 하나의 감정처럼 보이지만, 실제로는 여러 개의 감정이 뒤섞여 있는 상태다.

- ⊘ 실패에 대한 실망
- ⊘ 방향을 잃은 혼란
- ⊘ 무력감에서 오는 포기
- ⊘ 자기 비난과 후회

좌절이 거대한 감정으로 덮쳐올 때, 그 덩어리를 쪼개서 하나씩 분해해 보자.

- ⊘ 내 좌절 속에 어떤 감정들이 섞여 있는가?
- ⊘ 가장 강한 감정은 무엇이고 가장 약한 감정은 무엇인가?
- ⊘ 이 중에서 내가 먼저 해결할 수 있는 감정은 무엇인가?

좌절을 쪼개는 순간 그 감정은 거대한 벽에서 하나씩 해결할 수 있는 문제들로 변한다. 좌절은 압도적인 감정처럼 보이지만 실제로는 여러 조각으로 나눌 수 있다.

좌절의 이유를 바꿔라
: 이 감정이 꼭 나쁜 것만은 아니다

우리는 좌절을 부정적인 감정이라고 생각하지만 좌절을 느낀다는 것 자체가 나는 아직 포기하고 싶지 않다는 뜻이다. 완전히 무관심한 사람은 좌절하지 않는다. 좌절을 느낀다는 건 아직 기대하는 것이 있기 때문이다. 그러므로 좌절을 "나는 더 나아지고 싶다"는 신호로 바꿔보자.

- "나는 왜 이 상황에서 좌절을 느끼는가?"
- "내가 좌절을 느낀다는 건 여전히 기대하는 게 있다는 뜻인가?"
- "그렇다면 나는 무엇을 원하는가?"

좌절을 '나는 끝났다'는 신호로 볼 것이 아니라 '나는 아직 포기하고 싶지 않다'는 증거로 해석하면, 좌절의 의미 자체가 달라진다. 좌절은 '나는 끝났다'는 감정이 아니라, '나는 아직도 가능성을 믿고 있다'는 감정이다.

좌절을 큰 그림 속에서 다시 배치해 보라

우리는 좌절할 때, 그 감정이 내 인생의 전부처럼 보인다. "이제 모든 게 끝난 것 같아", "나는 여기까지인가 봐." 하지만 인생 전체에서 보면 지금의 좌절이 차지하는 비중은 얼마나 될까? 이렇게 실험해 보자.

❶ 내 인생의 타임라인을 그려본다

지금까지 살아온 중요한 순간들을 적어본다. 이번 좌절이 전체 인생에서 얼마나 큰 사건인지 비교해본다.

❷ 과거에도 좌절했던 순간들을 떠올려본다

그때는 인생이 끝난 것처럼 느껴졌지만, 결국 지나왔던 경험들이 있다. 좌절은 '현재'에서는 거대한 벽처럼 보이지만, '전체 인생'에서 보면 단 하나의 챕터일 뿐이다. 지금은 한순간에 불과하다. 이 좌절을 넘어, 다음 장을 써나갈 수 있다.

좌절 활용법 결론

- ☑ 좌절은 '나는 끝났다'는 감정이 아니라 '나는 방향을 바꿀 때'라는 신호다.
- ☑ 더 노력하려 하지 말고, 방향을 점검하라.
- ☑ 목표를 버리고 전략가가 되어라.
- ☑ 좌절은 한 덩어리가 아니다. 세부적으로 분해해라.
- ☑ 좌절을 큰 그림 속에서 다시 배치해 보라.
- ☑ 좌절의 이유를 바꿔라.

좌절이 찾아오면 기억하자. 이 감정은 나를 멈추게 하려는 것이 아니라, 지금까지와는 다른 길을 시도하라는 신호일지도 모른다.

14

부정적 감정이
지나간 자리에 남은 것들
―――― *Your emotions determine your life* ――――

부정적 감정은 마치 깊은 숲속을 걷는 것 같았다. 길이 보이지 않고 어디로 가야 할지 막막하며 언제 끝날지 모르는 어둠이 계속될 것처럼 느껴졌다. 슬픔에 잠식될 것 같았던 순간도 있었고, 불안에 휩싸여 아무것도 할 수 없었던 날들도 있었다. 질투와 시기에 사로잡혀 나를 끊임없이 비교했던 시간도 있었고 좌절감에 짓눌려 다시 시작할 용기가 없었던 때도 있었다. 그 감정들은 모두 나를 붙잡고 흔들었고, 나는 그 속에서 수없이 무너지고 다시 일어나기를 반복했다.

하지만 시간이 지나고 나서야 깨달았다. 부정적 감정이 남긴 것은 절망만이 아니었다는 것을. 슬픔은 '무엇이 소중한가'를 알려주었고, 불안은 '무엇을 준비해야 하는가'를 가르쳐주었으며, 질투는 '내가 진짜 원하는 것이 무엇인가'를 보여주었고, 좌절은 '이제 다른 길을 시도할 때가 되었다'는 신호였다. 그때는 몰랐다. 그 감정들이 지나간 자리마다 언제나 새로운 길이 남아 있었다는 것을.

우리는 늘 부정적 감정을 피하려 한다. 그것이 찾아오지 않기를 바라면서, 애써 외면하고, 무시하고, 지워버리려고 한다. 하지만 결국 그 감정 속에서 가장 중요한 것들을 배우고, 그 감정을 지나온 후에야 진짜 내가 원하는 방향을 찾게 된다. 부정적 감정이 없었다면, 나는 더 단단해질 기회도, 더 나아질 가능성도 알지 못했을 것이다. 그러니 이제는 더 이상 두려워하지 않는다. 앞으로도 나는 분명 슬플 것이고, 불안을 느낄 것이며, 때로는 좌절하고, 억울해하고, 화가 날 것이다.

하지만 이제 나는 안다. 그 감정들이 지나간 자리에는 언제나 새로운 길이 남아 있다는 것을. 그러니 감정이 나를 덮쳐올 때 그 감정을 밀어내기보다 이렇게 묻기로 한다.

"이 감정이 나에게 가르쳐 주려는 것은 무엇일까?"

그 질문을 던지는 순간, 부정적 감정은 더 이상 나를 가두지 못할 것이다. 나는 그 감정을 지나 더 나은 나로 나아갈 것이다.

Part 3

긍정적 감정
활용법

즐겁고 행복한 감정을 무조건 신뢰하지 마라.
삶을 바꾸지 못하면 그 감정은 허상에 불과하다.

01

행복
: 미루는 것이 아니라, 발견하는 것
Your emotions determine your life

어느 날 불현듯 이런 생각이 들었다. '나는 언젠가 진정한 행복을 손에 넣을 수 있을까?' 하루하루가 팍팍해질수록 행복을 향한 갈망은 더욱 커졌다. 더 좋은 집, 더 높은 지위, 더 안정적인 삶…. 뭔가를 이루면 행복해질 줄 알았는데 막상 그 "목표"를 성취하고 나면 또 다른 "더 나은 것"이 떠올랐다. 행복은 늘 다음 단계에 있을 것 같았고, 그래서 '조금만 더 노력하면 내가 바라던 행복에 도달하겠지'라고 믿었다. 그렇게 살아온 시간을 돌아보니, 이상하게도 "행복하다"고 외친 순간들은 길게 이어지지 않았다. 어떤 성취를 달성했을 때 잠깐의 기쁨이 찾아왔지만, 곧 허전함이나 또 다른 불안이 뒤따랐다. '이걸 해내면 더 큰 만족이 오겠지'라고 생각했는데, 막상 현실은 전혀 달랐다.

어느 날 문득 이런 깨달음이 스쳤다. "행복은 끝내 얻어야 하는 목표가 아니라 내 삶 전체를 관통하는 '어떤 방식'이 아닐까?" 주변을 둘러보니 진정 행복해 보이는 사람들은, 무언가 크게 이룬 사람들이 아니었다. 오히려 일상의 작은 순간에 몰입하고 당연하게 보이는 일들에서 의외의 즐거움을 발견하는 이들이었다. 무조건 열심히 살아야 한다는 강박에 시달리기보다 하루하루를 가볍게 농담하며 넘길 줄 아는 이들이었다. 그들은 따로 행복을 위해 산다기보다, 삶의 수많은 장면에서 스스로를 미소 짓게 만드는 방법을 알고 있었다. 그들을 지켜보며 깨달았다. "행복은 이룰 수 있는 성과가 아니라 내 마음이 깨어 있는 정도에 달려 있구나."

사실 나도 한때는 행복을 크게 연출하려 했다. 인생 사진을 찍기 좋은 곳으로 여행을 떠나고, SNS에 멋진 순간을 올리고, 거창한 파티를 열면 그 무드 속에서 행복해질 수 있으리라 여겼다. 그런데 번듯한 사진 뒤에 찾아오는 공허함은 어쩔 수 없었다. 마치 '행복해 보이는 장면'을 보여주기 위해 무대장치를 설치했지만, 막상 무대 뒤편에서는 별다른 감동이 없었던 셈이다.

그러다 어느 날, 한 친구가 이런 말을 했다. "행복한 순간을 만들기보다, 지금의 나를 충분히 느끼는 게 먼저야." 그 말이 묘하게 가슴에 남았다. '행복을 계획한다'는 표현이 얼마나 어긋나 있는가.

행복은 이룰 수 있는 상태가 아니라, 지금의 내가 살아 있음을 온전히 느끼는 과정이 아닐까. 꼭 놀라운 성취나 특별한 이벤트 없이도, 오늘 늦은 오후 창가에 비치는 빛을 바라보며 커피 향기에 기분 좋아지는 그 순간에 우리는 분명 행복을 느낀다.

이제는 안다. "행복을 위해 산다"고 선언하는 것이 꼭 나쁜 건 아니지만, 그 말에 집착하는 순간 오히려 행복이 멀어질 수도 있다는 것을. "행복하지 않으면 안 돼!"라는 강박은 작은 결핍조차 용납하지 않고, 그래야 할수록 '행복'이라는 말은 더 무겁게 변한다. 어쩌면 행복은 커다란 불꽃이 아니라, 일상의 자잘한 불씨들일지 모른다. 하루를 마감하고 잠자리에 들기 전 뜻밖의 안도감이 밀려오는 순간, 힘겨운 날에도 따뜻한 밥을 해 먹고 싶은 마음이 생기는 찰나, 스쳐 지나가는 바람에 한 박자 쉼이 찾아와 '그래, 살아갈 만하네' 하고 생각하는 순간, 큰 사건 없이도 그 모든 순간이 행복일 수 있지 않을까. 그렇다고 해서 "행복해져야 한다"는 말이 잘못되었다는 뜻은 아니다. 다만 행복을 절대적인 목표로 만들기보다는 내 삶에 녹아드는 자연스러운 감각으로 받아들이는 편이 더 낫다는 이야기다. 오히려 나는 스스로에게 이렇게 묻는다.

'오늘 내가 느낀, 조금이라도 즐겁고 편안한 순간들은 무엇이었지?'

그 작은 순간들을 인정하는 것만으로도 나는 적어도 "살아 있음"을 느끼게 된다. "행복해야 해!"라는 구호 없이도, 이미 내 삶 속에 그런 순간들은 존재하고 있었다. 나는 결국 행복이란 나중에 얻을 것이 아니라 "지금 발견할 수 있는 것"이라는 단순한 깨달음을 얻었다. 그런데도 우리는 종종 그것을 잊는다. 어쩌면 우리가 알아야 할 가장 중요한 진리는 너무나 단순해서 자꾸 놓치고 있는지도 모른다.

행복은 거창하지 않아도 좋다. 뭔가를 크게 이룰 필요도 없다. 내가 오늘 조금 덜 슬펐고, 조금 덜 외로웠고, 조금 더 쉽게 웃었다면 그건 이미 행복일 수 있다. 크고 확실한 행복만 인정하려 들면 결국 늘 부족한 상태로 남게 된다. 그래서 이제는 행복이라는 단어가 떠오를 때마다 굳이 멀리 갈 필요 없다고 스스로에게 말해 준다. 지금 이 글을 쓰는 순간에도 마음이 어느 정도 평온하다는 사실이 감사하다. 창밖으로 보이는 하늘 색이 맑다는 것도, 커피 향이 은은하게 퍼지고 있는 것도 역시 감사하다. 그러니까 "행복이 어딘가에 있을 거야"라고 미래를 향해 달리기보다는 지금 이 찰나에 내 몸이 느끼고, 내 마음이 반응하는 모든 것들이 이미 작은 행복의 형식이라는 걸 잊지 않으려 한다. 행복은 늘 거기에 있다. 다만 우리가 포착하지 못할 뿐. 그리고 스스로 자각한 순간, 그 행복은 이미 충분히 큰 의미가 된다.

02

사랑
: 나를 비우지 않고도
서로에게 닿는 마음

―――― *Your emotions determine your life* ――――

오래전 나는 사랑을 채워야 할 무언가로 여겼다. 내 안의 공허함을 누군가와의 관계로 메우고 싶었고 내 마음을 가득 채워줄 사람을 기다렸다. 그래서 늘 먼저 사랑을 주었다. 내가 부족한 사람이라고 느낄수록 상대에게 더 많이 주고 더 열심히 맞춰주면 괜찮아질 것 같았다. 그렇게 열심히 주고 또 주었다. 선물도, 헌신도, 칭찬도, 관심도 모두 주었다. 상대가 나를 필요로 해야 내가 쓸모 있는 사람이 된다고 믿었다. "괜찮아, 내가 널 지켜줄게", "내가 있으면 너는 외롭지 않을 거야"라고 말하면서 마음 한편엔 이렇게 생각했다. '그러다 보면 내 공허함도 조금씩 사라지겠지.' 하지만 이상하게도 내가 주면 줄수록 내 안의 결핍은 오히려 더 커졌다. 상대가 내 사랑을 온전히 받아주지 못하면 섭섭했고 받아주다가도 어느 순간 "그만해도 돼"라는 신호가 돌아오면 더 상처받았다. 왜 그랬을까? 나는 더 줄 준비가 되어 있는데 상대가 내 사랑을 벅차하거나 부담스러워한다는 뜻이었기 때문일 것이다.

내가 이렇게 열심히 주는 이유가 뭘까? 그때 깨달았다. 단순히 상대를 위하는 마음도 있지만 사실은 내 공허함을 메우고 싶었기 때문이 아닐까. 내가 부족해 보이니 더 큰 사랑을 주어서 상대가 나를 확실히 붙잡아주길 바랐던 걸지도 모르겠다. 이런 식의 사랑은 주는 듯하면서도 사실은 끊임없이 상대에게서 인정과 보상을 갈구하는 관계가 되었다. 정작 상대가 날 온전히 받아줘도, 영원히 내 결핍을 채워주진 못했다. '더 채워줘야 해. 더 나를 사랑해줘야 해'라고 생각하며 마음속 깊은 곳에선 늘 갈증이 사라지지 않았다. 그리고 그 갈증은 결국 관계를 지치게 만들었다. 상대는 "나는 노력했는데, 왜 너는 만족하지 못해?"라고 느끼게 되었고, 나는 "아직도 부족해. 아직도 허전해"라며 끝없이 갈증을 호소했다.

결국 진짜 문제는 '내 안의 결핍'을 타인이 해결해주길 바랐다는 점이었다. 내가 아무리 사랑을 줘도, 사실 그건 일종의 '나를 채워달라'는 도움 요청이었으니까. 그런데 사랑이란, "내 안의 구멍을 상대가 대신 메워준다"는 공식으로 성립하는 게 아니었다. 너무 당연한 사실인데도 그걸 깨닫기까진 꽤 많은 시행착오와 상처가 필요했다.

어느 날 깨어진 관계 앞에서 홀로 서 있게 되었다. 더는 줄 곳도, 받을 곳도 없이 남겨졌을 때 비로소 내 마음에 집중하게 되었다. 도대체 왜 나는 항상 상대에게 매달렸을까? 왜 줄수록 더 허전해졌을까? 그 답은 나 자신을 돌보지 않았기 때문이었다. 다른 사람에게 마음을 쏟아붓는 만큼 나를 보살피는 시간이 없었다. 내 결핍은 어디서 왔는지, 무엇이 내가 진짜로 원하는 사랑인지는 묻지 않았다. 그제야 조금씩 보였다. 사랑은 내 결핍을 대신 채워주는 누군가를 찾는 게 아니라 이미 내가 가진 부분을 발견하는 과정일 수도 있는 것이었다. 나를 누가 채워주길 바라며 앞다투어 헌신하기보다는 나를 돌보는 힘이 생길 때 진짜 의미 있는 사랑을 줄 수도 받을 수도 있게 된다는 점이었다.

물론, 어떤 사람은 이렇게 묻는다. "그럼 내가 사랑을 베푸는 건 잘못된 거야?" 아니다. 헌신이나 배려를 통해 사랑을 표현하는 일 자체가 잘못된 건 전혀 아니라고 생각한다. 다만 그 출발점이 '내가 공허하니, 너로 인해 채워지고 싶다'는 갈망이라면 서로에게 짐이 될 수 있다는 말이다. 상대는 날 채울 의무가 없으니까. 그것은 결국 내가 스스로 해결해야 할 몫이었다.

그리고 흥미로운 건 내가 내 결핍을 조금씩 알아가고 채워나가기 시작하니 타인에게 줄 수 있는 사랑도 훨씬 자유로워졌다는 사실이다. 이제는 '내가 이렇게까지 했는데 왜…'라는 억울함이 덜하다. 내 안이 조금 더 '나만의 방식'으로 채워지니, 상대에게서 인정이나 보상을 강하게 구걸하지 않아도 된다. 거꾸로, 내가 주는 사랑이 상대에게 부담이 되는지도 더 세심히 살피게 되고 그만큼 마음이 편안해졌다. 예전엔 '내가 주는 만큼 받아줘야 해!'라는 집착이 있었지만 지금은 '내가 주고 싶은 만큼 주되, 그것이 너무 과하거나 부담스럽지 않도록 상대와 보조를 맞추는 것'을 사랑이라 여긴다. '적당하다'는 말이 싱거워 보일 수도 있지만 사실 관계에서는 서로를 존중하는 적당한 거리, 적당한 헌신이 오히려 깊은 유대감을 만든다고 느낀다.

물론 여전히 사랑은 어렵다. 감정이란 늘 불확실하고, 상처가 생길 때도 있다. 하지만 예전처럼 결핍을 메우기 위해, 혹은 '이만큼 했으니 넌 날 꼭 붙들어야 해' 같은 마음으로 절박하게 매달리지는 않는다. 결핍은 결국 내 몫이다. 내가 헤아려야 하고, 내가 스스로 다독여야 할 부분인 것이다. 그리고 그러한 자립적 태도에서 비롯된 사랑이라야 상대에게도 진정성 있게 전해진다.

이제야 사랑이 조금 편해졌다. 내가 부족한 부분이 있더라도, 그것을 무작정 상대에게 요청하지 않는다. 대화하고, 솔직하게 나누되, 궁극적으로는 나 자신을 존중하는 태도를 놓치지 않으려 한다.

그럴 때 사랑은 더 이상 숨 막히는 사슬이 아니라, 서로를 살게 하는 기분 좋은 공기처럼 느껴진다. 결국 사랑을 준다는 건 내 결핍을 상대가 대신 채워달라는 외침이 아니라 서로가 가진 온전함을 자유롭게 교환하는 일이 아닐까. 완전히 자급자족할 수는 없어도 각자 자기 삶을 가꾸면서도 함께하면 더 풍성해지는 감각, 그게 내가 이제 정의하는 사랑이다.

물론 가끔은 여전히 외롭고 허전한 마음이 올라온다. 그건 어쩌면 인간이라면 누구나 지니고 있는 본능 같은 것인지도 모른다. 다만 더 이상 그 결핍을 사랑이라는 '거래'로 해결하고 싶지는 않다. 조금 부족해도 괜찮고, 어느 순간 정말 통하는 사람을 만나면 그 결핍을 솔직히 말해 볼 용기도 생긴다. '나는 가끔 이럴 때 외롭다고 느껴. 그래도 괜찮을까?' 하고 묻는 태도야말로 사랑 속에서 내가 더욱 진짜 나로 있을 수 있게 해준다. 결핍에서 사랑이 출발할 수는 있지만, 결핍만으로는 사랑이 완성되지 않는다는 사실을 안다. 그래서 이젠 누군가를 사랑할 때면 먼저 내 마음을 돌아본다.

"이 사랑은 나를 완성시키려는 욕심인가, 아니면 함께 나아가고 싶은 마음인가?"

그 질문에 답할 수 있을 때쯤 내 사랑은 좀 더 건강한 모습으로 피어나고 있었다.

03

즐거움
: 일상을 무겁지 않게 만드는 작은 환기
Your emotions determine your life

나는 한동안 즐거움을 특별한 사건과 동의어처럼 여겼다. 여행을 가거나 돈을 들여서 뭔가 새로운 체험을 해야만 즐거움을 느낄 수 있다고 생각했다. 그러다 보니 매일이 똑같아 보이는 일상에선 조금도 즐거워질 여유가 없었다. 당연히 삶은 단조롭고 지루하게 흘렀다.

어느 날, 사소한 농담에 혼자 피식 웃고 있는 나를 문득 발견했다. 그건 사실 별것 아닌 유치한 말장난이었는데, 왠지 모르게 머리가 맑아지는 느낌이 들었다. 잠시나마 내 마음을 무겁게 누르던 생각들이 옆으로 밀려나는 기분이었다. 그 순간 깨달았다. '아, 굳이 거창한 이벤트나 비싼 경험이 없어도 즐거움은 아주 작은 순간에도 얼마든지 생겨날 수 있구나.' 즐거움은 행복이나 기쁨과도 닮았지만, 어딘가 더 가볍고 즉흥적인 면이 있다. 행복이 깊은 만족감이라면, 즐거움은 활기찬 웃음에 가깝다. 기쁨은 성취감과 연결되기도 하지만, 즐거움은 이유 없이도 불쑥 떠오른다. 그래서 더 자유롭고, 더 일상적이다. 누가 시키지 않아도 가볍게 미소 짓거나 낄낄하며 웃을 수 있으니까.

그 즐거움을 다시금 인식하게 되니 일상이 조금 달라졌다. 예전이라면 그냥 지나쳤을, 길가에서 본 강아지의 엉뚱한 행동이나 작업 도중 듣게 된 웃긴 사연에 은근히 기분이 풀렸다. "아, 나 지금 즐겁네"라고 의식하는 것만으로도 삶이 조금 환기가 되었다. 사람들은 종종 즐거움을 소비하듯 접근한다. 돈과 시간을 써서 마련된 이벤트 속에서 유쾌함을 얻으려는 식이다. 물론 그 방식도 나쁘지 않다. 하지만 문제는 우리에게는 그렇게 "즐길 만한 기회"가 매일 주어지지 않는다는 점이다. 바쁜 일상 속에서 "언젠가 재미있는 일을 계획해야지"라고 미루다 보면, 그 사이사이의 날들은 계속해서 무겁고 따분하게 느껴진다.

그렇다면 즐거움을 조금 더 가볍게, 일상 속에서 발견해볼 순 없을까. 예컨대, 심각한 분위기의 회의에서 갑자기 엉뚱한 낙서를 건네받고 피식 웃게 되는 순간이 있다. 별것 아닌 그 일에 기분이 조금 밝아지고, 의외로 그 회의마저도 덜 지루해진다. 이렇듯 작은 웃음 하나로 일상의 톱니바퀴가 잠시 풀리는 경험을 해보면, 즐거움이 꼭 특별한 기회가 아니어도 가능하다는 걸 체감한다. 그뿐만이 아니다. 혼자만의 웃음도 좋지만 누군가와 소소한 농담을 나누면서 생기는 시너지 또한 즐거움이 가진 힘이다. 재미있는 얘기를 친구에게 전해주면 상대도 웃고 그 웃음이 다시 내게 돌아온다. 시덥 잖은 농담이라도 서로의 머리를 식히고 관계를 더 편안하게 만들어준다. 장황한 계획 없이도 그런 작은 교류가 반복되면 우리 삶은 한결 유쾌해진다.

내가 깨달은 즐거움의 핵심은 굳이 만들어내려고 애쓰지 않아도 이미 일상 어딘가에 숨어 있다는 사실이다. 억지로 찾으려 하면 더 피곤해지지만, 마음 한구석에 "혹시 지금 웃을 거리가 있을까?"라는 열린 태도를 갖고 있으면 예상치 못한 지점에서 쉽게 포착된다. 이는 의외로 삶을 지탱해주는 긍정적 에너지가 된다. 무거운 고민에 휩싸일 때 잠깐이라도 웃을 수 있으면, 다시 일어설 힘을 얻기 쉬우니까. 즐거움이라고 하면 왠지 가벼이 보일 수 있지만, 인간이 계속 생활을 지속해나가는 데 이 감정이 차지하는 비중은 의외로 크다. 슬픔이나 불안을 없애주는 데 즐거움이 직접적인 해답은 아니어도 잠깐의 웃음이 분명 숨 돌릴 여유를 만들어준다. 나는 그 여유가 얼마나 중요한지 요즘 들어 더 강하게 느낀다. 결국 즐거움이야말로 반복되는 하루에 산소를 공급하는 감정이 아닐까. 하루 종일 일하고 돌아왔을 때, 별 기대 없이 틀어본 동영상 하나에서 터지는 웃음, 집에서 혼자 멍하니 있는데, 노트북을 열고 친구에게 이상한 이모티콘 하나 보냈을 뿐인데 괜히 낄낄대는 순간에도 우리는 즐거움을 느낀다. 거창한 기쁨도 아니고, 심오한 행복도 아니지만, 그 짧은 순간이 하루를 훨씬 활기차게 마무리하도록 돕는다.

즐겁다는 말은 어쩌면 "괜찮아, 이렇게 가벼운 것도 충분히 의미가 있어"라는 선언 같은 것이다. 힘든 상황이 한없이 이어지더라도 순간의 미소로 다시 한 걸음 뗄 수 있다면 그것만으로도 살아갈 동력이 생긴다. 사실 그 작은 웃음들이 모여 우리 삶을 지탱하는 커다란 기둥이 되어주기도 하니까. 그래서 이제 나는 즐거움을 더 적극적으로 허용하려고 한다. 별 대단한 이유 없이 미소가 지어지는 일은 중요치 않다고 넘기지 않고, "아, 이게 내 삶을 조금 더 가볍게 만들어주는 순간이구나"라고 자각한다. 그 순간을 충분히 누리는 게 내 일상을 좀 더 유쾌하게, 그리고 괜찮게 만들어준다. 그 작고 사소한 웃음들 덕분에 어제와 똑같은 하루가 조금은 달라 보이게 되는 것이다. "즐거움을 위해 뭔가 크게 해야 하나?"라는 질문은 결국 "꼭 그렇지 않아도 돼"라는 답으로 돌아온다. 특별한 계획이 없어도, 지금 이 자리에서 주변을 둘러보고, 순간을 느끼고, 작은 웃음을 발견하려고 마음을 열면 생각보다 쉽게 마주칠 수 있는 감정. 그것이 바로 즐거움이다.

04

희망
: 불안을 마주하면서도
계속 나아가게 하는 힘

―――― *Your emotions determine your life* ――――

    희망이라는 단어에는 어쩐지 가벼운 빛이 스며들어 있다. "잘 될 거야"라고 말하는 순간, 우리는 잠시나마 마음속 불안을 잊는다. 그런데 한편, 그 말이 허황된 낙관처럼 들릴 때도 있다. "설마, 이런 상황에서 어떻게 잘 되겠어?"라는 속삭임이 뒤따르는 것이다. 그렇게 희망은 불안과 길항 관계를 이룬다. 절망적인 상황에서도 희망은 일으켜 세우는 힘이 되지만 간혹 아무 근거 없는 허상일지 모른다는 의심도 우리를 흔든다.

    어릴 땐 희망을 곧잘 바라는 대로 이루어진다는 믿음으로 이해했다. 목표가 있으면 무조건 잘 될 거라고 굳게 믿었고, 어느 정도 노력하면 반드시 결실이 돌아올 거라 여겼다. 하지만 나이를 먹어 보니 삶 속에는 내가 통제할 수 없는 변수가 훨씬 많았다. 아무리 애써도 어그러지는 순간들이 찾아왔고 모든 선택이 옳다고 장담할 수도 없었다. 그래서 결국 불안이 피어나기 시작한다. "이 길이 맞을까? 만약 틀리면 어떡하지?"라는 물음이 머리를 떠나지 않는다. 그렇다면 이 불안과 희망은 양립하기 어려울까? 꼭 그렇지도 않았다. 오히려 불안이 커질수록 우리는 작은 가능성이라도 붙들고 싶어 했다. 아무런 기대 없이 사는 것보다 조금이라도 긍정적인 미래를 상상하는 것이 버틸 힘이 되어주기 때문이다. 불안이 크다는 건 역설적이게도 내가 여전히 이루고 싶은 것과 같으며 간절히 바라는 무엇인가가 있다는 뜻이기도 하다. 그러니 불안은 희망의 짝이 될 수 있다. '만약 잘못되면 어떡하지?'라는 두려움 속에서 '그래도 언젠가 괜찮아질 거야'라는 희망이 고개를 든다.

문제는 이 희망이 근거 없는 낙관으로만 머무르면 현실을 외면하게 된다는 점이다. 혹은 희망을 기대하다가 무너질 때 생기는 상실감이 걱정되어, 아예 처음부터 '희망 같은 건 없었으면 좋겠어' 하고 체념해버리는 순간이 찾아오기도 한다. 예컨대 목표를 향해 달리다가도 결과가 불확실해 보이면 '차라리 처음부터 기대하지 말 걸' 하는 마음이 드는 것처럼 말이다.

하지만 살아보니 희망은 결코 성공을 보장하는 약속이 아니었다. 그보다는 최선을 다할 동력을 주는 감정에 가깝다. 미래가 어떻게 될지 몰라도 일단 움직이게 만드는 힘, 그것이 희망이다. 이 감정이 없다면 불안 앞에 주저앉아버릴지도 모른다. 그래서 흔히 듣는 말처럼 희망 고문일 수도 있다는 것을 알면서도 희망을 놓지 못하는 건 우리가 불확실 속에서도 계속 시도하게 만드는 힘이 바로 그 희망에 있기 때문일 것이다.

어떤 사람들은 희망을 현실을 무시하는 맹목적 기대감으로 비난하기도 한다. 하지만 모든 이가 냉혹한 현실주의자가 된다면, 세상이 조금 더 삭막해지지 않을까. 예컨대 의학적으로 가능성이 희박해도 새 치료법을 찾으려 애쓰는 사람들이 있고 불리한 처지에서도 역전을 꿈꾸며 끈질기게 발버둥 치는 이들이 있다. 그들의 막연한 희망이 종종 놀라운 변화를 만들곤 한다. 희망이 바로 그 '지점'을 가능케 한다.

물론, "무조건 잘 될 거야"라고 외치는 태도가 아니라, "혹 잘 안 될 수도 있지만, 그래도 나아갈 이유가 있어"라는 현실적인 희망이 건강해 보인다. 불안을 억누르기보다, 그 불안을 들여다보면서도 희망이라는 손잡이를 붙들고 한 걸음씩 가보는 것. 두려움을 완전히 몰아내지는 못해도, 희망을 품고 있으면 아무것도 못 하고 주저앉지는 않을 수 있다.

그래서 이제 나는 불안을 느낄 때마다 동시에 희망 한 스푼을 상상한다. 불안이 어둠이라면 희망은 그 어둠을 완전히 없애주는 등이 아니라 조금 멀리서라도 길을 찾아볼 수 있게 하는 작은 빛 정도랄까. 어둠이 깔려 있어도 빛이 아예 없진 않으니 내가 움직일 이유가 생긴다. 이 상징적인 빛은 내게 "앞으로 나아갈 길이 아예 없진 않아"라고 속삭인다.

결국 희망이란, 현실 부정을 위장하는 환상이 아니라 불안에도 불구하고 시도해 보겠다는 의지에 가깝다. 실패하면 또다시 아프겠지만 그래도 그 과정을 거쳐야 다음을 볼 수 있다는 마음이 있다면 혹여 그 길 끝에 원하는 결과가 없더라도 희망이 있다면 적어도 내가 살면서 누릴 수 있는 도전을 망설이지 않게 된다. 그렇게 도전한 끝에 예상치 못한 문이 열릴 수도 있고 설령 실패해도 다음 번에는 또 다른 희망을 만들 힘이 생긴다.

그렇게 보면 희망은 결국 "계속 살아보자"는 선언과도 같다. 확실한 답은 없지만 이 불안을 품고도 내 길을 찾아보겠다는 자세. 내가 원하는 미래가 정확히 오지 않을 수도 있지만 그럼에도 지금 여기서 한 발을 내딛게 해주는 그 기대감. 아마 이것이 희망이 가진 진짜 힘이 아닐까.

불안이 없다면 희망도 필요 없었을지 모른다. 모든 게 명확하다면 무엇을 기대하거나 걱정할 일이 없을 테니까. 그러나 인생은 늘 예측 불가능한 순간으로 가득하다. 그래서 우리는 불안 속에서 "그래도 괜찮을 거야"라고 말하는 본능을 갖고 태어났는지도 모르겠다. 그 본능이 우릴 좀 더 멀리 데려다주리라 믿으며 희망은 오늘도 불안 옆자리에 나란히 앉아 우리를 이끌고 있다.

05

자신감
: 넘어지지 않는 삶보다,
넘어져도 일어났던 순간이 만들어낸 힘

Your emotions determine your life

나는 늘 단단해 보이는 사람들을 부러워했다. 마치 넘어지지도 않고, 실수하지도 않고, 스스로를 언제나 믿는 듯 보이는 사람들. 그런 사람들은 특별한 재능을 타고난 것이라 생각했다. 나와 달리 기회만 오면 척척 해내고, 실패해도 흔들리지 않는 사람처럼 보였으니까. 하지만 정작 내가 살아온 시간을 돌아보니 사실은 넘어지지 않는 것이 아니라 넘어져도 일어나는 과정에서 진짜 자신감이 생긴다는 걸 깨달았다. 어릴 때부터 크고 작은 실패를 겪으며, 때론 예기치 못한 시련도 있었다. 힘들 때 '난 왜 이렇게 부족할까' 하며 자책하다가도 의외로 다시 일어나 달리게 되곤 했다. 그런 순간들이 쌓이면서 '아, 내가 이렇게나 맷집이 있었구나'라는 걸 발견하게 된 것이다.

특히 무거운 시기를 보낼 때마다 "이젠 정말 끝난 거 아닐까?" 싶었지만 몇 달 혹은 몇 년이 지나면 그 상황을 어떻게든 벗어나 있는 나를 발견했다. 처음엔 '운이 좋아서'라고 치부했지만, 여러 번 반복되니 이것이 내가 본능적으로 일어나는 힘을 가지고 있다는 증거처럼 느껴졌다. 물론 매번 대단한 방법으로 극복한 건 아니다. 다만 결국 다시 시도해봤다는 작은 사실이 쌓였고, 그게 바로 내 자신감을 서서히 키워준 셈이다.

그러면서 알게 되었다. 자신감이란 절대 넘어지지 않는 완벽함에서 오지 않는다는 것. 오히려 수많은 넘어짐, 무수한 후회 속에서 '그래도 결국은 다시 일어났잖아'라는 기억이 만들어내는 든든함이었다. 실수를 하더라도, 어떤 뼈아픈 실패를 경험하더라도, 한 번쯤은 바닥을 치고 올라온 기억이 있다면 그 다음에는 좀 덜 두렵다. '그때도 괜찮았으니 지금도 어떻게든 버틸 수 있겠지' 하는 믿음이 생기기 때문이다.

늘 넘어지지 않으려 애썼던 시절이 있었다. 실수하면 안 될 것 같아서, 사람들 앞에서 약한 모습을 보이면 안 될 것 같아서 매사에 완벽함을 추구했다. 그런데 그 시절의 나는 의외로 자신이 없었다. 언제 무너질지 모른다는 불안감에 시달렸고 한 번이라도 엇나가면 모든 게 들통날 것 같았다. 완벽을 지키려는 태도는 역설적으로 내 안의 두려움을 더 크게 키우는 식이었다. 그런데 넘어지는 걸 마다하지 않게 되면서, 모순적으로 자신감이 더 붙었다. '나는 완벽하지 않아도 결국 살아남더라' 하던 경험이 마음의 안정을 줬다고 해야 할까. 예를 들면, 한때 커다란 프로젝트에 실패했을 때 완전히 주저앉았지만 몇 달 후 또 다른 일을 찾았고 오히려 그 일을 통해 새로운 기회를 얻은 적이 있다. 그 과정을 겪으며 내가 배운 건 '실패가 끝은 아니더라'였다. 다음번 같은 상황이 오면, 처음만큼 무섭지 않았다. 그게 바로 자신감의 정체라는 생각이 들었다.

어쩌면 그래서, 자신감은 '나는 잘할 거야'라는 근거 없는 확신이 아니라 '못해도 다시 해볼 만해. 무너져도 다시 일어날 수 있어'라는 태도에 가까운 것이다. 넘어져본 사람이 "한 번 넘어져봤으니 또 넘어지면 어때, 그때처럼 다시 해보지"라고 여길 수 있는 거다. 말하자면 자신감은 시행착오의 축적물이지, 한 번도 실패하지 않은 사람에게 저절로 깃드는 멋이 아니다. 그렇다고 넘어지는 걸 두려워하지 말라며 무턱대고 뛰어들자는 얘기는 아니다. 누구나 넘어짐을 좋아하진 않는다. 나도 여전히 실패가 무섭고 때로는 '아, 또 이 수고를 해야 한다니' 하며 절망할 때도 있다. 하지만 한 번이라도 좌절해서 바닥을 찍어본 경험이 있다면 거기서 살아나온 자신을 떠올려볼 만하다. "그땐 죽을 것처럼 아팠는데도 이겨냈잖아?" 하는 기억이 곧 "아직 내 안에 버틸 힘이 있구나"라는 믿음을 준다. 결국, 내가 만들어낸 자신감은 바로 그 반복된 추억들에 뿌리를 두고 있다.

돌아보면, 넘어지지 않으려 발버둥 칠 때는 늘 내 자신을 의심했다. "혹시나 조금이라도 실수하면 어떡하지? 이러다 망신당하는 거 아니야?" 하는 불안이 끊이지 않았다. 그런데 '넘어져도 괜찮다'고 받아들이기 시작하니 내가 할 수 있는 것을 더욱 마음 놓고 시도하게 되었다. 그 결과 실패할 때도 있고 의외로 잘 풀리는 때도 있는데 어느 쪽이든 전처럼 극도로 겁내지 않게 됐다. 그러면서 자연스레 내 목소리를 내는 일이 쉬워지고, 도전의 폭도 넓어졌다.

그래서 나는 자신감을 이렇게 정의한다. "나는 완벽하지 않지만, 그 부족함에도 불구하고 다시 일어설 수 있다는 믿음"이라고. 완벽한 사람이 되려고 애쓰는 대신 내 결점과 실패를 인정하면서도 그 상태로 움직일 수 있다면, 그것이 곧 나를 살리는 힘이 된다는 걸 배웠다. 그래서 오히려 어떤 장애물 앞에서도 덜 흔들리고, 때론 마음껏 내 역량을 펼칠 용기가 생긴다. 힘껏 펼치다 실패해도 괜찮으니까. 그리고 이 마음이 단지 나 자신만을 위한 게 아니라 주위 사람들과의 관계도 좀 더 편안하게 만들어준다. 예전엔 실패를 인정하는 순간 약점을 들키는 것 같아 숨기기 급급했다. 지금은 "나, 여기서 또 넘어졌어. 하하, 괜찮아. 다시 해보면 되지!"라고 솔직해지니, 주변도 나를 편하게 대한다. 오히려 그 솔직함이 나를 '멋있는 사람'으로 만드는 게 아닐까 싶을 정도다.

결국, 자신감은 한 번에 완성되지 않는다. 넘어지지 않으려는 삶보다는, 넘어져도 일어나는 시절들을 쌓아온 사람에게 자연스레 깃드는 힘이다. 그 힘이 있으면, 무리해서 '강해야 해!'라고 애쓰지 않아도 된다. 이미 넘어지고도 살아남았다는 경험이 "너, 이 정도로는 안 망가져"라고 말해주니까. 그렇게 생각하니, 내 지난날의 실패와 아픔도 그냥 헛된 게 아니었다. 차곡차곡 쌓인 좌절의 흔적들이 결국 날 좀 더 단단하게 만들었구나 싶다. 바라는 대로 되지 않아도, 또다시 시도할 준비가 되어 있다는 사실이야말로 진짜 자신감의 증거 아니겠는가. 넘어진 자리에 오래 머물진 않았으니까. 그리고 앞으로 또 넘어진다 해도, 그 시절들을 기억하면 일어날 수 있으리라 믿는다. 이게 바로 나를 살게 하는 '넘어져도 다시 일어날 수 있다는 확신', 즉 진짜 자신감이다.

06

감사함
: 일상의 빈틈을
따뜻하게 채워주는 마음의 버팀목

―――― *Your emotions determine your life* ――――

감사는 흔히 '무언가를 받았을 때 느끼는 고마움' 정도로 여겨진다. 하지만 조금만 더 세심히 들여다보면, 우리가 평범한 날들 속에서 의외로 자주 경험하는 감정이란 걸 깨닫게 된다. 커다란 은혜나 엄청난 도움만이 아니다. 지칠 대로 지친 퇴근길에 친구가 건네는 "오늘은 괜찮았어?"라는 메시지, 혹은 주말 아침에 우연히 들린 음악 한 곡, 그 별것 아닌 순간들이 "아, 이게 있어서 다행이네"라는 말 한마디를 이끌어 내곤 한다. 그리고 그 작디작은 '고맙다'가 뜻밖에 큰 힘을 준다.

대개 우리는 내가 뭘 크게 얻었을 때만 감사해야 한다고 생각하지만 사실 감사는 사소하고 짧은 장면에서도 얼마든지 피어난다. 예를 들면, 한동안 스스로를 탓하며 "왜 난 이것밖에 안 되지?"라고 불평하던 중에 누군가 작은 도움을 주면, 문득 "적어도 나 혼자는 아니구나" 하고 느끼게 된다. 그 깨달음은 '내 부족함이 전부가 아니구나' 하는 생각이 들도록 도와준다. 바로 그 순간, 마음이 살짝 가벼워지면서 "이 정도면 그래도 조금 낫지"라는 안도감을 품게 되는 것이다.

감사의 좋은 점은, 거창한 사건을 기다릴 필요 없이 이미 내 삶에 존재하는 작고 평범한 선물을 발견하게 해준다는 데 있다. 매사에 문제투성이로 보여도 하루를 돌아보면 '이건 잘 넘어갔네' 하는 순간이 어딘가엔 있다. "이것도 없었으면 어쩔 뻔했어" 하고 진심으로 중얼거리는 바로 그때, 감사란 말이 자연스레 터져 나온다. 이 작은 고마움은 불만을 완전히 지우진 못하더라도, 내가 가진 자원을 깨닫게 하고, '아직 할 만하네' 하는 희망을 키워준다. 그래서 감사는 무턱대고 "나는 다 만족해!"라고 외치는 낙관과 다르다. 여전히 힘든 점은 힘든 채로 남아 있어도, 그 와중에 '그래도 내가 이런 걸 누릴 수 있잖아'라고 생각하는 태도다. 이런 마음이 들면 문제 자체가 사라지진 않아도 스스로를 조금은 더 부드럽게 대할 수 있다. '내가 못난 점이 많아도, 나를 도와주거나 나와 함께해주는 사람들이 있고, 내 삶을 조금 덜 삭막하게 해주는 순간들이 있구나'라는 발견이 생기기 때문이다.

또 감사가 좋으면서도 신기한 건 내가 결핍을 느낄 때 오히려 더 강하게 찾아온다는 점이다. 만족스럽지 않은 부분이 많아도, 딱 한 부분에서라도 "이건 괜찮다"고 깨닫게 되면 그 결핍 전부가 나를 짓누르지 못하게 된다. "아직 여기 남아 있는 게 있네?"라는 마음이 내 무기력을 잠시나마 덜어 내주고, 다음 발걸음을 떼도록 만들어 준다.

결국 감사는 예의범절 이상의 가치가 있다. 누군가에게 "고마워"라고 입 밖으로 꺼낼 때, 나 자신도 은근히 위로받고 있다는 걸 느낀다. 쑥스럽더라도 고마움을 표현하면, 그 작은 교류로 인해 서로가 한층 편안해지기도 한다. 애써 착한 사람이 되려는 게 아니라 우리가 함께 누리고 있는 어떤 따뜻함을 더 분명히 알아차리는 시간이 곧 감사인 셈이다.

그래서 감사를 습관처럼 반복한다고 해서 결코 유치하거나 뻔해지지는 않는다. 오히려 우리의 시선이 조금 더 자주 "다행이다"라는 말을 포착하게 되면, 똑같은 하루도 덜 무겁게 느껴진다. 허점과 불만이 사라지지 않아도, '이것만큼은 다행이야'라는 인식이 몸과 마음을 지탱해주니까. 마치 겨울바람 부는 날 차가운 길을 걷다가, 어딘가서 잠깐 뜨거운 차 한 잔을 얻어마시며 '와, 좋다. 고맙네'라고 말하는 순간, 그 작은 따뜻함이 우리 일상을 다시 살게 해주는 것이다.

07

열정
: 이끌린 마음으로
전부를 바꿀 수 있는 힘

Your emotions determine your life

    열정은 멀리 있는 단어처럼 느껴질 수도 있다. "나는 지금 별다른 열정이 없는데?"라고 생각할 수 있다. 하지만 어쩌면 우리는 이미 사소한 순간들 속에서 열정을 스치고 있을지도 모른다. 예를 들어 어떤 날, 갑자기 "이거 재미있겠다!"라는 아이디어가 스친 적이 있는지 떠올려보자. 그 순간 머리가 환해지고 가슴이 살짝 뛰지 않았는가. 별로 대단할 필요도 없다. 새로운 취미를 발견했을 때, 좋아하는 음악을 듣고 '나도 이걸 해볼까?'라는 생각이 들 때, 나는 열정을 잠깐이라도 맛본 것이다. 그때 느껴지는 조금 더 알고 싶고 조금 더 해보고 싶다는 설렘이 바로 열정의 실마리다.

열정은 결코 거창하게 '무조건 불태워야 해!'라는 강박에서 오지 않는다. 오히려 불쑥 치밀어 오르는 '이건 좀 더 하고 싶어!'라는 마음에서 싹튼다. 때로는 새벽까지 손에서 놓지 못하게 만들고, 때로는 바쁜 하루 속에서도 틈틈이 생각나게 한다. 그래서 열정이 생긴 상태를 가만히 관찰해보면 누가 시키지 않아도 내 발이 자꾸 그쪽으로 가 있음을 발견한다.

문제는 우리가 흔히 열정을 막연히 뜨겁고 거대한 것으로만 그려낸다는 점이다. 그래서 일상적이고 소소한 끌림은 스스로 "이건 별거 아니잖아" 하고 무시해버린다. 하지만 실은 그 사소한 끌림이야말로 진짜 열정의 시작일 때가 많다. 남들 눈에는 대단해 보이지 않아도, 내 마음이 한 번 꽂히면 집요하게 파고들 수 있는 힘이 솟아나는 경험, 거기에 열정의 핵심이 있다. 예를 들어, 회사 일에 지쳐 흐릿한 정신으로 SNS를 스크롤하다가, 누군가가 만든 영상을 보고 '오, 이거 괜찮은데?' 하고 느꼈다고 하자. 대체로 그냥 흘려보내지만, 만약 거기서 '나도 해볼까?'라고 마음이 동하면 다음 날 새벽까지 영상 편집 프로그램을 만지작거리는 스스로를 발견할 수 있다. 이렇듯 크고 멋진 계기가 없어도 어느 순간 마음 한켠에서 '좀 더 알고 싶다, 더 해보고 싶다'라는 뚜렷한 욕구가 떠오르면, 그건 작은 열정이다.

열정이 좋은 건, 실패를 크게 겁내지 않게 만든다는 점이다. 무언가에 몰입하면 결과보다 과정이 즐거워진다. '안 되면 어때? 하는 게 재밌는데'라는 태도가 생기면, 불안감 대신 기대감이 더 앞선다. 그래서 열정을 가진 사람들은 실패를 당해도 다시 시도하는 경우가 많다. 그 끈질김이 결국 삶의 활력을 만들어주는 셈이다.

물론 모든 날이 열정 충만한 건 아니다. 어떤 날은 불이 꺼진 듯 아무 의욕이 생기지 않을 수도 있다. 그런데 열정도 파도처럼 올랐다 가라앉았다 하는 것이다. 한동안 식어 있던 마음이 어느 날 다시 불붙을 수도 있다. 이걸 억지로 불태우려 들면 오히려 피곤해진다. 자연스럽게 찾아오는 '좀 더 해보고 싶다'는 감각을 감지하고, 그 불씨를 소중히 지켜나가면 된다.

또 열정은 주변으로 전염되기도 한다. 내가 무언가에 빠져서 즐겁게 몰두하면 가까이 있는 사람들도 '어, 저거 재밌어 보인다'라며 관심을 갖게 된다. 누가 봐도 대단한 일이 아니어도 열정적으로 해내는 모습 자체가 묘한 매력을 준다. 그래서 하나의 열정이 또 다른 열정을 낳고 서로 동기부여가 일어나는 걸 종종 본다.

그렇다면 열정을 키우려면 어떻게 해야 할까? 사실 엄청난 방법이 필요한 건 아니다. 일상 속에서 '이건 좀 끌리네'라는 순간을 그냥 지나치지 않고 작게라도 시도해보는 것이면 된다. 예컨대 어떤 분야가 갑자기 궁금해졌다면, 유튜브든 책이든 한두 번 찾아보는 것만으로도 열정의 불씨를 확인할 수 있다. 해보기 전까지 모르는 그 설렘을 부정하지 않으면, 의외로 얼마든지 새 길이 열릴 수 있다.

결국 열정은 우리의 일상을 깨어나게 하는 감정이다. 안 그래도 힘든 세상에서 굳이 자기 분야에 몰두하고 밤새워 노력하고 더 깊이 파고드는 이유는 뭘까? 성취나 보상 때문만은 아니다. 스스로가 '이건 해보고 싶다'고 진심으로 느낄 때 몸과 마음이 살아 움직이는 것이 즐겁다. 그 기쁨이 열정의 본질이고, 그 기쁨은 인생을 좀 더 다채롭게 만들어준다.

그러니 열정은 거창한 목표의식이 아니어도 좋다. 그냥 내 가슴이 "조금 더 파고들고 싶어, 재미있어!"라고 속삭이는 순간에 몸을 맡길 줄 아는 마음, 그게 열정이다. 그리고 그 마음이 때때로 식어도 상관없다. 언젠가 또 '이거 재밌겠다'라는 생각을 스스로에게 허락할 수 있다면 우리는 그 순간마다 열정을 새롭게 만날 수 있을 테니까.

08

흥분과 설렘
: 순간의 스파크가
뜻밖의 새로움을 던져줄 때

Your emotions determine your life

어쩌다 마음이 뛴다. 하루가 지루하게 흘러가는 줄만 알았는데 갑자기 어떤 순간에 가슴이 쿵 하고 울린다. 굳이 거창한 이유가 없어도 작은 자극에 온몸이 반응하면서 "이거 좀 특별할지도?"라는 생각이 스치면 그때부터 심장이 조금 빨라진다. 이것이 바로 흥분 혹은 설렘이 우리에게 다가오는 방식이다.

두 감정은 비슷해 보이지만 살짝 다르다. 흥분은 조금 더 직접적이고 스파크처럼 확 치솟는다. 놀이공원에서 놀이기구 줄을 서며 "아, 곧 저걸 탄다고?" 하고 두근거리는 기분이나, 좋아하는 가수의 콘서트가 시작되기 직전에 느끼는 전신의 달아오름이 대표적이다.

순간적인 자극에 몸과 마음이 단숨에 집중되는 상태다. 반면, 설렘은 조금 더 잔잔하고 길게 이어지는 편이다. 아직 일어나지 않은 일이지만 생각만 해도 미소가 번지고 기분이 산뜻해지는 기분. 예를 들어 낯선 도시로 여행을 준비할 때, 날이 가까워질수록 '거긴 어떤 풍경일까? 먹거리는 뭘까?'를 상상하며 은근히 들뜨는 마음이 바로 설렘이다. 단숨에 치솟기보다는 서서히 마음속을 간질이는 식이다. 공통점은 어느 쪽이든, 이 감정이 들면 지금 이 순간이 좀 더 새롭게 느껴진다는 것이다. 과거나 미래의 걱정을 잠깐 내려놓고, 당장 눈앞에 있을(혹은 곧 찾아올) 그 재미있는 무언가에 집중하게 된다. 머릿속으로는 "어떡해, 나 이거 진짜 좋아!" 혹은 "이게 곧 시작된다고?" 하는 말이 맴돌고 그 들뜸은 우리에게 활기를 준다. 특히 흥분과 설렘은 "대단한 목표가 없어도" 쉽게 느낄 수 있기에 더 매력적이다. 새로 나온 영화 예고편을 보고 가슴이 뛰거나, 좋아하는 사람이 '안부 묻는 메신저'를 보냈다는 사실만으로도 배시시 웃게 되는 일은 누구나 경험해봤을 거다. 그 짧은 순간들이 모여 하루가 한층 생동감 있어진다.

    물론 이 감정들이 늘 순기능만 하는 건 아니다. 흥분이 지나치면 충동적으로 변할 위험이 있고, 설렘이 커지면 예상과 다를 때 실망감이 크게 다가올 수 있다. 그러나 그렇다고 해서 아예 차단해버리는 건 인생을 무미건조하게 만드는 지름길이다. 오히려 흥분과 설렘이 있을 때, 우리는 "그래, 이 정도면 시도해볼 만해!" 하는 용기를 조금이나마 얻는다. 실패해도 일단은 '하고 싶다, 기대된다'는 마음에 움직일 수 있게 되는 것이다.

이 감정들의 또 다른 특징은, 주변으로 전파되는 속도가 빠르다는 것이다. 내가 작은 일에 흥분해서 "너 이거 해봤어? 너무 재밌어!"라고 말하면, 듣는 사람도 왠지 해보고 싶은 기분이 든다. 설렘 또한, 내가 들떠서 준비하는 계획이나 이야기를 전하면, 그 열기가 자연스레 옮아간다. 소위 말해 "좋은 바이브"가 전달되는 순간, 함께 웃고 떠들다 보면 더욱 재밌는 무언가를 만들어낼 가능성도 높아진다. 그러니 흥분과 설렘을 어쩌다 한 번 방문하는 강렬한 손님으로 생각하기보다는 일상을 가볍게 흔들어주는 스파크로 여겨보면 어떨까. 기대감이 없는 삶은 평온할 순 있어도 다소 밋밋하다. 반대로, 자잘한 것에도 '오, 이거 흥미롭잖아?' 하고 마음을 열 수 있다면, 뜻밖의 장면을 마주할 때마다 활력을 느낄 수 있다.

결국 흥분과 설렘은 '지금 이 순간이 뭔가 새롭고, 좋을 수도 있다'는 예감에서 터져 나오는 감정이다. 열정처럼 깊이 몰입해 지속적으로 달리는 힘과는 또 다르다. 흥분이란 신호가 켜지면 당장 머리가 새하얗게 되거나 얼굴에 미소가 떠나지 않을 만큼 들뜨고, 설렘이 찾아오면 반복되는 일상도 어쩐지 발걸음 가볍게 만들게 된다. 우리의 일상이 조금 칙칙해졌다고 느껴질 때 어쩌면 그 감정들이 아직 오지 않은 게 아니라 우리가 허용할 준비가 안 된 것일 수도 있다. 따라서, 흥분과 설렘이 떠오를 때 너무 제어하려 애쓰기보다는, 적당한 선에서 그 감정에 몸을 맡겨보는 것도 나쁘지 않다. "그래, 이번만 좀 들떠보지 뭐. 해보고 나면 또 생각이 바뀌겠지." 하고 말이다. 뜻밖의 순간에 가슴이 뛴다면, 그 뛰는 심장을 몇 분이라도 즐기는 것, 그게 우리 인생에 더 많은 재미와 작은 기적들을 불러들이는 비결이 될지도 모른다.

09

만족감
: 완벽이 아니어도
있는 그대로 받아들이는 힘

Your emotions determine your life

가끔 옷을 살 때 '이건 디자인도 예쁘고, 가격도 괜찮은데… 왠지 내 몸에 잘 맞지 않는 것 같아' 하고 망설이는 순간이 있다. 반대로 색깔이나 모양이 그다지 특별하지 않아도, 입어본 순간 '이거다!' 하는 느낌이 드는 옷도 있다. 사실 만족감이란 그 비슷한 지점을 가진다. 특별히 화려하지 않아도, "이게 지금의 나한테 딱이네"라고 느끼게 해주는 감정이다. 몸에 꼭 맞는 옷을 입었을 때처럼, 편안하고 거슬리지 않는 안정감이 만족감의 본질이다.

"만족"이라고 하면, 모든 부족함이 사라진 상태 같지만 사실은 그렇지 않다. 옷도 100% 완벽하게 몸에 맞추긴 쉽지 않다. 소매 길이가 아주 조금 길 수도 있고, 신발 한 켤레마저 미세하게 안 맞을 때가 있다. 그럼에도 우리는 "충분히 괜찮다"라고 결론 지을 때 안도하고, 그러면서도 큰 불편 없이 일상을 이어간다. 다소 부족함은 남아있지만 적어도 지금 이 상황이 크게 어긋나지 않는다고 느낄 때 자연스레 만족감이 자리 잡는다.

문제는 많은 사람이 최상의 것만을 추구하느라 조금만 마음에 흡족하지 못해도 불편을 참지 못한다는 점이다. 그렇다고 해서 늘 완벽을 찾다 보면 자꾸 지쳐간다. 예를 들어 공부나 업무에서 100점이 아니면 무의미하다고 생각하면 90점을 받았을 때조차 뭔가 허전하고 불만족스러울 수 있다. 이런 태도는 어쩌면 발전을 이끌어 내는 원동력이 될 수도 있다. 그런데 문제는 그 노력이 즐거움보다 스트레스로 작용해, 결국 중도에 탈진해버릴 위험이 높다는 것이다.

만족감이 건강한 이유는 이 감정이 '난 이걸로 충분히 만족해!'라며 완벽함을 주장하는 게 아니라, 지금 상태와 자신의 노력을 자연스럽게 맞춰보는 데서 온다는 사실이다. "물론 더 나아질 여지는 있지만, 오늘의 나는 이 정도가 딱 적절하네"라고 스스로에게 허락해줄 수 있어야 마음의 여유가 생긴다. 그러면 '다음 번엔 더 잘해볼까?'라는 열린 선택지도 자연스럽게 떠오른다.

또 한 가지, 만족감은 비교에서 멀어질 때 더 분명해진다. 누군가는 전성기 시절의 옷처럼 몸에 착 붙는 '이 길이 내 길이야'라고 만족감을 느낄 수 있지만, 다른 누군가가 보기엔 그저 평범하거나 별 볼 일 없어 보일 수 있다. 결국 만족감은 비교 평가가 아니라 나와 현재 상황의 조화에서 생긴다. '좋은 차를 샀다'가 아니라 '내 생활 패턴에 딱 맞고 편하다'라는 느낌, '이만큼 일했으니 좀 쉬어도 되겠어'라는 허용이 만족감을 키운다.

만족감을 조금 더 구체적으로 설명해보자면, 첫째로 '다른 사람에게 보여주기 위한 목적'이 아니다. 눈부신 성과가 없어도 괜찮다. 둘째로 '내가 진짜 원하는 만큼은 해냈다'라는 자각이다. 목표가 높으면 높을수록 그것을 해내기 전까지는 만족감을 누릴 기회가 줄어들 수 있다. 그렇다고 낮은 목표만 추구하라는 뜻이 아니다. 오히려 '노력할 만큼 했고, 이 정도 성과면 충분히 뜻깊다'는 스스로의 인정이 더 중요하다는 이야기다. 셋째로, 만족감은 정체가 아니라 일시적 안도의 상태다. 그 편안함 덕에 힘이 보충되고, 다음 도전을 위한 활력이 자연스럽게 솟는다.

흔히들 '열심히 하되, 조금 덜 완벽주의적이면 만족감을 누릴 수 있다'고 한다. 이를 옷에 비유하자면, 만약 소매 길이가 1~2cm 애매하다 해도 크게 불편하지 않다면 "그 정도면 문제 없어"라고 인정하고 편안히 입고 다니는 식이다. 결과적으로 그 여유가 삶을 좀 더 부드럽게 만들고 하루 한 끼 맛있는 음식이나 따뜻한 목욕을 즐기는 시간을 놓치지 않게 해준다. 과도한 완벽주의는 오히려 그런 소소한 즐거움을 빼앗아가지만, 만족감은 그 즐거움을 더 돋보이게 한다.

결국, 만족감은 '지금 나의 상황에서 크게 어긋나지 않아'라는 직관에서 출발해, '이 상태가 내 삶에 충분히 잘 맞네'라는 가벼운 결론으로 이어지는 마음의 과정이다. 그 과정 덕분에 '조금 더 나아가 볼까?'라는 의지도 생기지만, 굳이 무리하지 않아도 괜찮다는 안도도 함께 느낀다. 누군가는 더 자극적인 감정을 추구할지 모르지만, 의외로 우리의 하루를 안정시키는 건 이 같은 만족감이 아닐까. 결국, 거창한 성공은 없어도 "오늘, 나에게 딱 맞는 옷 같은 하루였어"라고 생각하는 순간, 우리는 수고한 자기 자신에게 아주 따뜻한 박수를 보내게 되는 것이다.

10

소속감
: 내 퍼즐 조각이
어떤 그림 속에 딱 들어맞을 때

―――― *Your emotions determine your life* ――――

　가끔 인생은 퍼즐 같은 느낌을 준다. 나는 내 나름의 모양을 갖고 있는데, 정작 어디에도 맞춰지지 않는다는 막막함에 시달릴 때가 있다. 그러다 어느 날, '여긴 괜찮네!' 하고 자연스럽게 끼워 맞춰지는 장소나 사람이 나타나면, 그 순간 마음이 편안해지며 비로소 "아, 나 혼자가 아니구나"라는 안도감이 솟아오른다. 이것이 바로 소속감이다. 억지로 내 모양을 깎아내지 않아도, 그대로의 모습이 어딘가에 꼭 들어맞아 하나의 그림을 완성해가는 느낌, 그것이 소속감이 주는 포근함이다.

　소속감은 단순히 '같은 목표나 취미를 가진 집단에 속해 있다'는 표시가 아니다. 똑같은 지향점이라 해도 서로가 서로를 과하게 평가하거나 끊임없이 경쟁만 하는 그룹에선 "그저 이름만 올려놓았을 뿐, 나를 진짜로 받아주고 있진 않네?"라는 생각이 들 수 있다. 반면, 생각이 조금씩 달라도 서로를 보완해 주고, 각자의 색깔을 존중해주는 곳이라면 "내가 이 안에서 허용되고 있구나"라는 안정감이 피어난다. 결국 소속감이란 나를 억지로 바꾸지 않아도 함께 어우러질 수 있다는 깨달음에서 나오는 감정이다.

이 감정이 왜 중요한지 떠올려 보자. 인간관계가 언제나 쉽지만은 않다. 여기저기서 상처받고, 경쟁에 치이기도 하다. 만약 정말 어느 곳에도 섞이지 못한다고 느낀다면 세상이 아찔하게 추워질 것이다. 그럴 때 소속감이라는 온기는 "난 혼자가 아니야"라는 사실을 다시 일깨운다. 이 한 문장이 삶을 얼마나 살 만하게 만들어주는지 외로운 시절을 겪어본 사람들은 안다. 관계 안에서 '힘들면 기대도 돼'라는 말이 오갈 때, 어쩌면 가장 극적인 구원이 찾아오기도 한다.

소속감은 '내가 너희를 위해 전부 바치겠다'나 '우리는 완전히 똑같아'라는 극단과도 거리가 멀다. 친구 그룹이든 직장 팀이든, 때로 의견 충돌이 있고 성격 차이가 있더라도 괜찮다. 결국 서로가 각자 역할을 맡고, 부족한 부분을 채워주며, 내 본래의 색을 잃지 않고 그 무리에 속해 있어도 괜찮다고 느끼는 순간이 소속감의 핵심이다. 나를 맞추기 위해 내가 크게 변해야 한다고 여겨지면 오히려 불편함이 쌓인다. 대신, "내가 조금만 노력해도, 이곳에선 충분히 환영받는다"고 확신하는 데에서 진짜 편안함이 시작된다. 그렇게 안전한 공간이 생기면, 그 안에서 인간은 무척 자유로워진다. 실패해도 누군가는 "괜찮아, 다음에 잘해보자"라고 말해주고, 내가 지쳐 있으면 누군가는 "내가 잠깐 도와 줄게"라고 제안한다. 공동체 속에서 돌봄과 배려가 교환될 때, 그 따뜻함이 내 마음 깊이까지 스며든다. 결국 소속감이 높은 사람들은 실패에 대한 두려움이 좀 더 적고, 새 일에 도전하는 의지도 크게 생긴다는 연구 결과도 있다. 그만큼 '내가 속한 곳에선, 어느 정도 보호받을 수 있다'는 믿음이 우리를 배짱 있게 만든다.

　소속감은 결코 거창하지 않다. 때로는 소수의 친구끼리만 만들어내는 것일 수도 있고, 온라인에서 만난 동료들과 인연이 깊어져 생길 수도 있다. 어디서든 진짜 중요한 건 '내가 이곳에 있어도 되며, 여기가 나를 반갑게 받아들인다'는 심리적 안심이다. 일부로 나를 과장하거나 감추지 않고, 밥을 먹고 웃고 떠드는 사이에 '아, 우리 사이가 나쁘지 않구나' 하고 느끼는 순간, 그게 곧 소속감이 일어나는 지점이다.

　어쩌면 소속감은 사람이 '나'라는 섬에서만 머무르지 않고 더 넓은 땅과 맞닿을 수 있게 해주는 작은 다리 같은 존재다. 그 다리를 건너면 외로움도 줄고 협력을 통한 성취를 맛볼 수도 있다. 반대로 소속감이 전혀 느껴지지 않는 삶은 남들 눈에는 자유로워 보일지 몰라도 정작 본인은 끝없는 낯섦과 단절감에 시달릴 수 있다. 사람이 '함께한다'고 느낄 수 있을 때 삶이 훨씬 살 만해지고 힘들 때 좀 더 쉽게 버티게 되는 것이다.

결국 소속감이란 내 색깔을 어느 정도 유지하면서도, 그 색이 이 안에서 환영받는다고 확신하는 마음이다. 그 확신이 있어야 어느 곳이든 내가 편안히 머물고, 다른 사람들도 나를 믿어주며 함께 목표를 향해 움직인다. 그렇게 우리의 퍼즐 조각들이 자연스레 연결될 때, 삶은 그 전보다 훨씬 넓은 그림을 보여주게 되는 것이다.

11

긍정이 보여주는
다시 일어날 이유

Your emotions determine your life

이렇게 우리는 '행복·사랑·즐거움·희망·자신감·감사·열정·설렘·만족·소속감'까지 긍정적 감정들을 살폈다. 보통 긍정이라 하면 막연히 무조건 밝고 강해야 한다는 이미지를 떠올릴지 모른다. 하지만 실제로는 이 감정들이 다 제각각 다른 빛깔을 띠고 은근히 상처나 부족함을 품고 있다는 걸 확인했다. 그럼에도 불구하고 사람들이 이 감정들을 붙들려는 건 그 작은 긍정이 삶을 계속 이어가게 만들어주기 때문이다.

정말 지쳐서 무너지고 싶을 때 주변에서 따뜻한 말 한 마디만 들려도 '그래, 조금 더 버텨볼까' 하는 마음이 생긴다. 실패를 맛보고도 희망이 아주 사라지지 않았을 땐 '다시 한 번 도전해보자' 하고 몸을 일으키게 된다. 특별한 사건이 없는데도 사소한 즐거움이나 작은 성취에서 뜻밖의 만족을 느낄 때도 있다. 이런 일들이 바로 긍정적 감정의 가치다. 큰 변화를 약속하지 않아도 지금 이 순간을 조금은 살 만하게 만들어주는 것이 긍정이다.

그러니 긍정적 감정을 잘 활용한다는 것은 억지로 웃으라는 말이 아니다. 우울하면 우울한 대로, 슬프면 슬픈 대로 지낼 수 있다. 다만 그 틈새에서도 "그래도 이런 건 남아 있네"라고 발견할 수 있으면, 세상이 완전히 어둡게만 보이지 않는다. 작은 즐거움이든, 감사든, 희망이든 하나만이라도 눈에 들어오면 한없이 무거운 하루도 조금은 가벼워질 수 있다.

물론, 긍정만 추구하다 보면 불안을 더 키울 수도 있다. "늘 행복해야 해" 같은 강박이 삶을 옥죄는 경우가 그렇다. 하지만 긍정의 본질은 '불안을 없애겠다'가 아니라 '불안과 함께 살아가면서도, 지금 할 수 있는 최선'을 발견하게 해주는 힘이다. 큰 문제가 다 해결되지 않아도, 그중 한 조각이라도 괜찮은 부분을 붙들면, 스스로에게 작은 계기가 생긴다. "이 정도면 해 볼 만해"라고 자발적으로 움직이게 되는 것이다.

결국 이 장에서 말하고 싶었던 건 간단하다. "감정이란 참 복잡하고 겉보기와 달리 허점투성이지만, 그 중 긍정적이라는 부류에도 '아직 살아볼 이유'가 담겨 있다"는 것이다. 거창한 명언보다 힘든 날에 누군가가 건넨 작은 미소나 짧은 메시지 하나가 삶을 떠받쳐줄 수도 있으니까. 그래서 긍정적 감정을 구체적으로 알고 잘 다루는 건 내일을 이어가기 위한 실질적인 도구가 된다.

앞으로도 이 감정들이 항상 길잡이가 되어줄 순 없을 것이다. 나 스스로 어떤 날은 열정에 가득 차 있다가도 또 어떤 날은 바닥까지 무기력해질 수 있으니까. 다만 미리 알아둔 긍정의 가능성이 "그래도 시도해볼 여지가 있잖아" 하고 등을 떠밀어줄 수 있다면 그 하나만으로도 우린 전보다 조금 덜 막막해진다. 그거면 충분하다. 큰 사건 없이도, 이런 작은 힘만으로도 인생은 계속 굴러갈 테니까.

Part 4

감정으로 맺어진 관계들
: 일상 속 드라마

당신이 이해하지 못하는 모든 상황 속엔,
반드시 당신이 보지 못한 감정과의 관계가 숨어있다.

01

부모와 자식 사이,
결코 단순하게 정리될 수 없는 이야기

—— *Your emotions determine your life* ——

부모와 자식 간의 관계는 한마디로 정의하기 어려운 복잡함을 품고 있다. 서로에게 가장 가깝고도 중요한 존재이지만, 때로는 세상 누구보다 상처를 주고받기도 한다. 가족 안에서 쌓이는 오랜 감정들은 단순히 한두 마디 말로 해결되지 않으며, 유년 시절부터 이어진 관계의 패턴이 성인이 되어서까지 영향을 미치곤 한다. 그래서 어떤 날은 '그래도 가족이니까'라는 말로 이해하려 하고, 또 어떤 날은 '우리는 그냥 남보다 못한 존재인가?'라는 절망감을 느끼기도 한다. 부모와 자식의 이야기는 그만큼 결코 단순하게 정리될 수 없는 수많은 감정이 뒤섞여 있다.

Ⅰ. 문제 상황(갈등 상황 제시)
: 가족 안에서 벌어지는 복잡한 감정의 순간들

❶ 우린 어쩌다 대화가 끊겼을까?

민재(28)는 대학을 졸업한 뒤 부모님과의 대화가 크게 줄었다. 어릴 때부터 부지런하고 책임감 강하던 민재는 늘 부모님의 기대에 부응하려고 애썼다. 하지만 어느 순간 "언제부터 우리 집 대화는 '공부 열심히 해라, 좋은 직장 들어가라' 정도뿐이었지?"라는 생각이 들었다. 이제 성인이 된 민재는 취업문제로 고민이 많지만, 정작 부모님께 말하지 않는다. "말해봤자 또 '네가 알아서 해야지' 같은 잔소리만 하겠지"라는 생각이 들어서였다. 그렇게 스스로 단절을 선택하고, 결국 조언이나 지지를 받을 기회마저 놓치게 된다.

❷ 어릴 때부터 태도가 차가웠던 부모, 난 사랑받은 걸까?

서연(31)은 자신이 어릴 적부터 부모님의 무관심 속에 자랐다고 믿는다. 부모님과 큰 갈등 없이 평화롭게 지내기는 했지만, 서연이 아프거나 속상해해도 구체적으로 보살펴주지 않았다. 그래서 서연은 '나는 부모에게 별로 환영받지 않는 아이였나?' 하는 감정을 아직도 품고 있다. 그런데 부모님은 '그땐 돈 벌고 먹고살기 바빠서 그랬다'며 서연이 서운할 줄 전혀 몰랐다고 말한다. 둘 다 각자의 입장이 있고, 잘못된 행동이라고 단정 지을 수도 없지만, 정작 서연은 지금도 마음 한구석이 텅 빈 채 살아가고 있다.

❸ 부모를 부양해야 하는데, 나도 내 삶이 벅차다

진우(35)는 아버지가 은퇴 후 갑자기 건강이 나빠져, 생활비와 병원비를 보태줘야 한다는 부담을 안았다. 진우는 자식이니 당연한 의무라고 생각하면서도, "나도 아직 내 집 한 채 없고, 결혼 자금도 모자라는데…" 하는 답답함이 커진다. 부모님은 자식에게 빚지고 싶지 않다며 미안해하지만, 진우 역시 '왜 우리 집은 늘 이렇게 빠듯한가'라는 원망이 올라온다. 서로 미안하고, 또 서운한 복잡한 마음이 얽히며 갈등이 이어진다.

이렇듯 부모와 자식 관계는 단순히 '부모가 옳다, 자식이 반항한다' 같은 도식으로 설명되지 않는다. 서로가 서로에게 기대하고, 그러다 실망하거나 마음의 문을 닫으면서 복잡한 감정들이 뒤얽힌다.

II. 감정의 흐름과 원인 분석
: 부모와 자식 사이가 왜 이렇게 복잡할까?

❶ 오래된 역할과 기대가 서로에게 뿌리 깊게 박혀 있다

부모는 자식을 어릴 때부터 돌봐온 존재이고, 자식 역시 부모에게 보호와 지지를 기대해온 존재다. 이 과정에서 무의식적으로 형성된 "넌 이렇게 해야 해", "난 이런 걸 바라"라는 역할 기대가 성인

이 되어서도 유지된다. 그리고 그 기대가 충돌하거나 어긋날 때, "어떻게 네가 그럴 수 있니?", "난 평생 너를 위해..."라는 식의 정서적 갈등이 폭발한다.

❷ 애정도 있지만, 상처도 함께 쌓여 왔다

가족만큼 오래 알고 지낸 사람이 없는 만큼, 서로를 아끼는 마음도 크지만 그간 누적된 상처 또한 많다. 사소한 말에서 비롯된 트라우마, 관심이 부족해 서운했던 순간들, 지나친 간섭으로 숨 막혔던 기억들이 자라면서 표면적으로는 괜찮아 보여도 속으로는 "내가 진짜 사랑받았던 걸까?", "우리 가족은 서로 너무 몰랐다"라는 의문을 품게 된다.

❸ 독립 vs 의존의 모호한 경계

자식이 자라 성인이 되었는데도, 부모는 여전히 "네가 내 말 들어야지"라고 하거나, 자식은 "부모라면 당연히 이 정도는 해줘야지"라며 불평한다. 경제적·정서적 독립을 해야 할 때도 있고, 반대로 가족이 함께 해결해야 할 일이 있을 때도 있는데, 그 역할 경계가 모호하면 갈등이 생긴다. "부모도 완벽하지 않은 인간", "자식도 독립된 존재"라는 사실을 인정하지 못하면 기대와 실망이 계속 엇갈린다.

III. 해결 또는 성장의 계기
: 부모와 자식, 어떻게 하면 조금 더 편안해질 수 있을까?

❶ '부모 vs 자식'이 아닌, '인간 vs 인간'으로 바라보기

부모도 완벽한 어른이 아니라 자기 인생의 좌절과 아픔, 한계를 안은 평범한 사람이란 사실을 인지해볼 필요가 있다. 자식도 마찬가지로 무조건적인 순종을 할 아이가 아니라 독립적 주체이다. 서로를 인간으로 보는 시각에서 출발하면 '왜 부모가 이걸 못해?', '왜 자식이 나를 이해 안 해?'라는 비난보다 '이 사람도 나름 힘든 사연이 있었겠지'라는 공감으로 나아갈 수 있다.

❷ 쌓인 감정을 하나씩 풀어보기

가족 간 대화가 겉도는 이유는, 사실 정말 하고 싶었던 속마음을 억눌렀기 때문이다. "나는 어릴 때 이런 게 서운했어", "그땐 네가 힘든 줄 몰랐지"와 같이, 직접 속마음을 나눌 기회를 만들면 의외로 서로 몰랐던 부분들이 풀릴 수 있다. 물론 부모·자식 간에는 세월이 긴 만큼 감정도 깊지만, 한 번이라도 진솔하게 내가 왜 섭섭했고 어떤 기대를 했는지 털어놓아야 변화가 생긴다.

❸ 적당한 거리 두기와 독립 인정하기

함께 산다고 해서 모든 시간을 같이 보내야 하거나 떨어져 산다고 해서 서로 상관없는 관계가 되는 것은 아니다. 건강한 가족관계는 서로 간섭 없이도 독립된 삶을 존중한다는 인식에서 시작된다. 가령 "이 부분은 내가 알아서 결정할게"라고 말하거나, 반대로 "이 문제만큼은 부모님 의견이 꼭 필요하다"는 식으로 구체적으로 선을 잡아가는 것이다.

❹ 필요하다면 객관적 도움(상담·중재) 활용하기

가족 문제로 상담을 받으려고 하면 "우리 가족 문제를 밖에다 알린다고?"라며 거부감이 들 수 있다. 하지만 심각한 갈등에 빠졌을 때는 전문가(가족상담, 심리치료)나 제3자의 중재가 오히려 효율적일 수 있다. 가족 구성원들이 서로의 이야기를 중립적인 공간에서 들어보는 기회를 얻으면, 그간 직접 대면해선 꺼내지 못했던 감정을 안전하게 풀 수 있다.

Ⅳ. 마무리
: 가족이라는 이름 아래, 서로 다른 두 사람의 복잡한 감정들

부모와 자식 사이는 결코 단순하지 않다. 한쪽은 '당연히 네가 이뤄줬으면' 하는 기대를 품고, 다른 한쪽은 '왜 이런 것도 못 알아줘?' 하며 서운해한다. 누적된 마음의 거리가 깊어도, 문제를 직시하고 솔직히 대화하려는 시도를 할 때 의외로 새로운 연결고리를 찾을 수 있다.

가족이기 때문에 유독 상처 주고받는 면이 있고 동시에 '그래도 가족이니까'라는 이유로 서로를 붙들고 가는 면도 있다. 결국 중요한 건 "우리는 서로를 소중히 여기고 싶은가, 아니면 등을 돌릴 것인가?" 하는 의지의 차이일 것이다. 이 관계를 유지하고 싶다면 적당한 거리와 솔직함을 통해 갈등을 풀어가야 한다. 아이에서 성인으로 성장한 자식, 과거엔 강하던 부모가 이제는 나이가 들며 약해지는 모습, 이 모든 변화 속에서 서로를 하나의 인간으로 존중할 때 비로소 부모와 자식은 가족이라는 이름만이 아니라, 진짜 마음으로 이어질 수 있다.

가족관계는 인생의 가장 큰 영향을 미치는 동시에 가장 어렵고 복잡한 감정의 무대이기도 하다. 누군가에겐 끈끈한 사랑의 공간이, 또 누군가에겐 떠올리기 싫은 상처의 장이 될 수도 있다. 하지만 그 관계가 아직 회복될 가능성이 있다면, 먼저 마음을 열고 대화하고, 필요하면 거절도 해보자. '부모도 완벽하지 않고, 나 역시 그렇다'는 사실을 인정하며 서로에게서 조금씩 더 인간적인 면을 발견해나간다면, 가족이기에 가능한 새로운 시작을 맞이할 수 있을지도 모른다.

함께 생각해보기

- ☑ 내가 부모님(자녀)에게 굳이 말하지 못했던 진짜 속마음은 무엇인가? 혹은 내가 놓쳤던 상대의 감정은?

- ☑ 항상 가까이 있다고 해서 대화가 잘 되는 것은 아니다. 그럼 우리 가족은 진짜 마음을 나눌 시간을 가져본 적이 있는가?

- ☑ 독립이 필요한 시점이라면, 적정 거리 두기를 시도하는 게 해결책이 될 수 있지 않을까?

- ☑ 가족 간 문제가 깊다면 전문가 상담이나 제3자 중재를 활용해보는 건 어떨까? 가족 문제는 가족끼리 해결해야 한다는 고정관념이 갈등을 장기화시키는 건 아닐까?

부모와 자식 사이의 관계가 결코 단순하게 정리될 수 없는 건, 너무 많은 시간과 추억, 감정이 겹겹이 쌓여 있기 때문이다. 그러나 그 복잡함 속에서도, 서로에게 마음을 연다면 의외로 깊은 유대가 다시금 생겨날 수 있다. 결국, '가족이니까 가능하다'와 '가족이라서 힘들다'는 말이 동시에 성립하는 이 아이러니를 이해하는 순간, 우리는 가족이라는 인연을 좀 더 넓은 시각으로 받아들일 수 있게 된다.

02

사랑이라는
감정의 롤러코스터

Your emotions determine your life

사랑은 우리가 경험할 수 있는 가장 강렬한 감정이다. '설렘, 기대, 불안, 질투, 희열, 두려움, 집착, 후회' 등 연애를 하는 동안 우리는 이 모든 감정을 경험하며 흔들린다. 때론 가슴이 터질 듯한 기쁨을 맛보지만 같은 사람에게서 깊은 실망과 상처를 받기도 한다. 사랑은 우리를 행복하게 하지만 동시에 불안하고 불완전한 존재로 만든다. 상대가 나를 얼마나 사랑하는지, 이 관계가 지속될 수 있을지, 우리는 정말 맞는 사람인지 끊임없이 의심하고 고민한다. 때론 감정을 너무 많이 쏟아버려 지쳐버리고, 때론 감정을 숨기느라 서로 멀어지기도 한다.

사랑이란 감정은 늘 아름답게만 흐르지 않는다. 어떤 관계는 처음부터 끝까지 애매하게 이어지고, 어떤 관계는 모든 게 순조로워 보이다가도 갑자기 끝나버린다. 우리는 왜 사랑 속에서 극단적인 감정을 경험하는 걸까? 왜 어떤 사랑은 우리를 편안하게 하고 어떤 사랑은 우리를 소모시키는 걸까? 이 질문에 대한 답을 찾기 위해, 먼저 사랑 속에서 우리가 마주하는 감정의 롤러코스터를 들여다봐야 한다.

연애 속에서 우리가 마주하는 감정들

❶ "우리는 무슨 사이죠?" : 불확실성에서 오는 불안

세연(29)과 민기(30)는 함께 시간을 보내지만, 누구도 "우리 사귀자"라는 말을 먼저 꺼내지 않는다. 주말이면 서로를 찾고 일상에 깊숙이 관여하지만 정작 '공식적인 연애'라는 이름표를 붙이는 일은 미룬다. 민기는 "아직 확신이 안 서"라며 관계를 정의하는 걸 부담스러워하고, 세연은 "내가 가볍게 보이는 걸까?" 하는 불안에 휩싸인다. 서로 애정은 주고받지만, 관계를 분명히 하지 못한 상태에서 감정적 불안이 커져간다. 즉, 사랑에서 불확실성이 클수록 감정의 출렁임은 더욱 거세지는 것이다.

❷ "너무 빨리 다가오는 사랑, 이게 진짜일까?" : 과한 애정 표현이 불러오는 경계심

진우(32)는 연애를 시작한 지 한 달도 채 되지 않아 지나(30)에게 결혼 이야기부터 "우리 부모님께 인사하자"는 말까지 쏟아낸다. 하루에도 수십 번 전화를 걸고, 카톡으로 "보고 싶다", "사랑한다"라는 감정을 계속해서 표현한다.

처음에는 "이렇게까지 날 좋아해주는 사람이 있다니!"라며 감동했지만, 시간이 지날수록 지나의 마음속에는 묘한 불안이 피어난다. 진우는 감정을 아낌없이 표현하지만, 지나에겐 이 모든 것이 강박적이고 부담스럽게 느껴지기 시작한다. 결국 상대의 과도한 애정 표현이 "이건 사랑일까, 아니면 감정적 불안에서 오는 집착일까?"라는 고민을 만들며 관계를 흔든다. 즉, 너무 강한 감정은 때때로 사랑이 아니라 '소유하려는 욕구'일 수도 있다.

❸ "곁에 있어도 외로운 관계" : 감정적 유대 결핍에서 오는 고독

은호(33)와 주연(31)은 1년째 동거 중이지만, 주연은 늘 "같이 있는데도 외롭다"는 감정을 느낀다. 은호는 회사에서 돌아오면 무기력한 상태로 TV를 보거나 휴대폰을 만지며 주연과의 대화를 피한다. 주연이 "우리 대화 좀 하자. 요즘 서로 잘 알고 있는 거 맞아?"라고 하면, 은호는 "일 끝나고도 스트레스 받고 싶지 않아"라고 되받는다. 함께 있는 시간이 많아도, 서로의 감정이 연결되지 않으면 관계는 점점 공허해진다. 즉, 사랑은 '얼마나 많은 시간을 함께 보내는가'가 아니라, '얼마나 감정적으로 연결되어 있는가'가 중요하다.

❹ "갑작스러운 이별 통보, 나는 뭐였나?" : 회피에서 오는 혼란

가희(29)는 반년 넘게 만나온 태욱(33)에게서, 어느 날 "우린 안 맞는 것 같아. 미안"이라는 문자 한 통으로 이별을 통보받았다. 태욱은 이후 연락을 두절했고 SNS도 차단했다. 분명 며칠 전까지만 해도 잘 지냈던 것 같은데, 감정적으로 어떤 변화가 있었는지조차 알 수 없다. 남겨진 가희는 끝없는 자책과 미련에 빠지고, 떠난 사람은 모든 감정을 차단하며 회피한다. 즉, 이별이 갑자기 찾아올수록, 남겨진 사람은 감정을 정리할 기회를 잃고 더욱 혼란스러워진다.

사랑이 우리를 힘들게 하는 이유

❶ 사랑은 가장 본능적이지만, 가장 불안한 감정이기도 하다

사랑은 우리의 가장 원초적인 감정을 건드린다. "나는 이 사람에게 중요한 존재인가?" 하는 질문 속에는, 사실 "나는 사랑받을 자격이 있는 사람인가?"라는 더 깊은 의문이 자리한다. 그래서 상대가 사랑을 확인시켜주지 않거나 애매한 태도를 보일 때 우리는 감정적으로 흔들리고 불안을 느끼게 된다.

❷ 애정 표현 방식과 속도의 불균형

한 사람은 뜨겁게 감정을 표현하고 싶고 다른 한 사람은 천천히 관계를 쌓아가고 싶어 할 때, 속도의 차이가 불안을 만든다. 사랑이 너무 빠르면 "이 감정이 진짜일까?"라는 의심이 들고 사랑이 너무 느리면 "이 사람이 나를 정말 좋아하는 걸까?"라는 불안이 커진다.

❸ 감정 소통 능력의 부족

우리는 연애를 하면서도 정작 자신의 감정을 명확히 표현하는 법을 배운 적이 없다. 상대방의 애정 표현이 부족하면 스스로 의미를 부여하며 "이 사람은 날 덜 사랑하나?" 하고 불안해하거나, 반대로 자신의 감정을 숨기고 거리감을 두기도 한다.

성숙한 연애란 뭘까?

❶ 내 감정 먼저 이해하기

내가 연애 속에서 불안해지는 순간이 언제인지, 상대가 어떤 태도를 보일 때 감정이 올라오는지 스스로 먼저 알아차려야 한다. 상대의 행동이 문제라기보다 그 행동이 내 안의 어떤 감정을 건드리는지 들여다보는 과정이 필요하다.

❷ 관계의 방향을 함께 정하기

사랑이 깊어질수록 우리는 같은 곳을 보고 있는가를 점검해야 한다. 서로에게 기대하는 것이 다를수록 감정적 거리도 벌어지기 마련이다.

❸ 감정이 폭주하기 전에 솔직하게 말하기

상대에게 기대하는 것이 있다면 돌려 말하거나 참지 말고 직접 표현하는 것이 가장 건강한 방법이다. "나는 이런 부분에서 서운함을 느껴", "나는 이런 사랑 표현을 좋아해" 같은 솔직한 대화는 감정이 불필요하게 오해로 번지는 것을 막는다.

우리는 모두 이 감정의 롤러코스터를 타며 사랑을 배우고 있다. 사랑이 어렵고 힘든 이유는, 그 안에 우리가 마주해야 할 가장 솔직한 감정들이 숨어 있기 때문이다. 상대를 통해 나 자신을 발견하고 내가 원하는 사랑이 무엇인지 깨달아 가는 과정 속에서 우리는 비로소 성숙한 사랑을 배워간다.

사랑은 늘 예측 불가능하지만, 감정을 이해하고, 서로의 속도를 맞추며, 소통을 이어간다면 사랑이 단순한 감정의 소용돌이가 아니라, 함께 성장하는 과정이 될 수 있다. 결국 사랑이란 감정을 온전히 경험하고, 받아들이고, 성장하는 과정 자체가 우리의 연애를 성숙하게 만드는 길이 될 것이다.

함께 생각해보기 _____

☑ **나는 사랑 속에서 언제 가장 불안함을 느끼는가?**

관계의 불확실성 때문인지, 상대의 태도 때문인지, 혹은 내 안의 감정적 상처 때문인지 돌아볼 필요가 있다.

☑ **내가 원하는 사랑은 무엇인가?**

빠르고 강렬한 사랑을 원하는지, 천천히 쌓아가는 사랑을 원하는지, 혹은 안정적이고 예측 가능한 관계를 원하는지 스스로에게 질문해 보자.

☑ **내가 연애에서 반복하는 감정적 패턴은 무엇인가?**

나는 사랑이 깊어질수록 상대에게 집착하는가? 혹은 반대로 가까워질수록 거리를 두려 하는가? 나의 감정 패턴을 인식하는 것만으로도 관계를 바라보는 시선이 달라질 수 있다.

☑ **감정이 폭주하기 전에 솔직하게 말한 적이 있는가?**

나는 상대에게 서운한 감정을 표현하기 전에 참다가 결국 폭발하는가? 혹은 처음부터 너무 강하게 표현해서 상대가 부담을 느끼는가? 감정을 어떻게 전달할 것인지 고민해 볼 필요가 있다.

사랑은 감정의 롤러코스터와 같다. 하지만 우리가 그 속에서 내 감정을 이해하고, 상대와 건강하게 소통하는 방법을 배운다면, 사랑은 더 이상 나를 휘두르는 감정이 아니라 나를 성장시키는 감정이 될 수 있다. 사랑을 통해 내가 누구인지, 내가 어떤 감정을 가지고 있는지 배워가는 것, 그것이 사랑이 가진 가장 큰 의미일지도 모른다.

03

친구냐 경쟁자냐,
가까워서 더 힘든 관계
―――― *Your emotions determine your life* ――――

친구 사이에 느끼는 감정들

❶ 취업 & 시험 합격 소식

친한 친구가 대기업 최종 합격 소식을 전했다. 그녀는 "우리 중에 네가 제일 먼저 합격할 줄 알았는데, 의외다!"라며 기뻐했다. 겉으론 "우와, 진짜 축하해!"라고 말하지만, 속으론 '나는 왜 아직도 서류광탈만 반복하지…?' 하는 자괴감이 올라온다. 친구가 싫은 건 아니지만 어느새 축하와 질투가 교차하는 자신을 발견한다.

❷ SNS 속 화려한 일상

가까운 친구가 SNS에 여행 사진, 공연 관람, 맛집 탐방 등 다채로운 라이프를 올릴 때마다 '와, 좋겠다!'라고 댓글 달고 좋아요를 누른다. 그런데 휴대폰을 내려놓는 순간, 초라한 내 현실이 부각된다. '나는 주말 내내 집에만 있었는데, 뭘 하고 있는 거지?' 오랫동안 가까웠던 친구의 소식을 보면서도, 비교가 불쑥불쑥 스며든다.

❸ **결혼 & 연애**

평생을 함께 놀았던 친구가 갑자기 "나 결혼해!"라고 소식을 턱 던진다. 당연히 축하해야 할 일이건만, "너도 빨리 인연 만나야지!"라고 밝게 웃는 친구를 보면서 '쉽게 만날 수 있으면 진작 했지'라는 속상함이 밀려온다. 왠지 인생의 속도가 다른 것 같아 기쁨 뒤에 묘한 외로움이 함께 밀려오는 것이다.

이렇듯 가까운 친구가 성공하거나, 행복해 보이는 순간, 우리는 동시에 '왜 나는 그게 안 될까?'라는 마음과 마주할 수 있다. 오랫동안 서로를 잘 알고 지냈기에, 비교가 더 구체적이고 직접적으로 다가오기 때문이다. "난 진짜 친구의 행복을 원해"라고 생각하면서도, 막상 친구가 빛나는 순간엔 질투와 열등감, 그리고 미묘한 서운함이 함께 올라온다. 왜 그럴까?

친구 사이에 감정이 흔들리는 이유

❶ **질투 & 박탈감**

친구와의 거리는 가깝지만, 결과의 차이는 분명할 때 생기는 감정이다. 늘 옆에서 함께였으니 그 차이가 더욱 도드라져 보인다. "내가 저 친구보다 못할 게 없다고 생각했는데, 현실은 다르네…", "나는 열심히 하는데, 왜 결과가 이 모양이지…?" 하는 생각이 드는 것이다.

❷ 인정받고 싶은 욕구

사실 친구에게 상처를 주려는 의도는 전혀 없다. 다만, '나도 잘해내고 싶다', '빨리 인정받고 싶다'는 욕구가 있는데, 친구가 먼저 성취해버리면 내 마음속 결핍이 크게 부각된다.

❸ 자책 & 죄책감

축하하는 척하지만, 사실 부러워서 속이 쓰린 내 자신이 싫다며 자책하기도 한다. 이때 무의식적으로 친구에게 거리를 두거나, "넌 잘나가서 좋겠다"는 빈정거림으로 감정을 포장할 수도 있다.

이 모든 감정은 결국 친구가 불행해지길 바라서가 아니라 내 자리에서 느끼는 불안과 결핍 때문이라는 점이 중요하다. 가까운 사이라서, 상대의 행복이 내 현실과 직접적으로 대비되는 듯한 착각이 들 수 있다는 말이다.

친구에게 느끼는 감정을 다스리는 방법

❶ 솔직한 인정

내가 지금 느끼는 질투와 박탈감이 어디서 비롯되는지 인정하고, 스스로에게 "그렇다고 내가 나쁜 사람은 아니야"라고 말해주자. 친구에게 털어놓기 전, 먼저 내 감정을 정직하게 마주하는 게 필요하다.

❷ 진짜 대화 시도

가장 좋은 시나리오는 친구와 솔직히 이야기하는 것이다. "나 정말 네가 잘돼서 기쁜데, 한편으론 내 상황이 자꾸 초라해져서 마음이 힘들어"라고 말하면 상대도 "나도 준비 과정에서 힘들었어. 사실 남들이 볼 땐 쉽게 된 것 같지만, 그렇지 않았어."라고 말할 수 있다. 서로의 어려움과 감정을 공유하다 보면, 질투가 '공감'으로 바뀔 여지가 커진다.

❸ 서로에게 도움 주고받기

친구가 먼저 뭔가를 성취했다면, 그 경험을 배울 수 있는 기회로 삼아보자. 예를 들어, 친구가 취업에 성공했다면 그 준비 과정이나 노하우를 들으며 내가 참고할 점을 찾을 수 있다. 반대로 내가 해낼 일이 생기면 친구가 기꺼이 응원과 조언을 건넬 수도 있다. '한 사람의 성공이 결국 둘 다에게 득이 될 수 있다'라는 생각으로 접근하면 비교심리가 줄어든다.

❹ 과도한 SNS 비교 줄이기

가까운 친구일수록, 오히려 SNS에선 조금 거리를 두는 것도 방법이다. 친구의 멋진 일상 사진이 때론 불필요한 박탈감을 부추긴다면, 과감히 알림을 끄거나 직접적인 노출 빈도를 낮춰보자. "네 소식은 만나서 직접 들을게!"라고 말하고, 실제 만남에서 깊은 대화를 나누는 편이 더 건강할 수 있다.

마무리
: 친구라는 이름에 담긴 가능성

가장 가까운 사이이기에, 친구와 나는 때로 서로를 자극하고 상처주기도 한다. 그런데 역설적이게도, 그만큼 서로를 일으켜 세울 힘을 지닌 존재도 바로 친구다. 결국, 친구와 내가 서로에게 주고받을 수 있는 건 '성장의 기회'다. 질투는 상대가 나보다 잘나서 생기는 감정이기도 하지만, 그 이면엔 '나도 저만큼 잘하고 싶다'는 열망이 숨어 있다. 친구와의 솔직한 대화를 통해 그 열망을 확인하게 되면 우린 각자의 길을 더 굳건히 걸을 수 있다.

진심으로 응원하면서도, 동시에 내 결핍을 자각하게 해주는 존재가 어디 찾기 쉽나. 질투를 동력으로 바꾸고, 불안을 공감으로 바꿀 수 있다면, 그 우정은 훨씬 깊어질 것이다. 결국 우리를 이어주는 건 '누가 더 잘났는가'가 아니라 '서로의 꿈과 마음을 인정하는 태도'다.

잠시 경쟁자처럼 느껴질지라도, 스스로에게 솔직해지고 친구와 속내를 나누는 순간 "너라서 내가 더 힘이 난다"는 사실을 깨닫게 된다. 그래서 언젠가, 친구가 하얗게 웃으며 "네가 있어서 버텼어"라고 말해줄 때, 혹은 내가 그 친구에게 "너 때문에 내가 더 나아질 수 있었어"라고 고백할 때 비교와 질투를 넘어선 진짜 우정의 아름다움을 실감하게 될 것이다. 그리고 그 한 문장이, 우리 갈등의 문턱을 가볍게 뛰어넘게 만든다.

함께 생각해보기

☑ **나는 친구의 성공이나 행복을 볼 때, 어떤 감정을 가장 먼저 느끼는가?**

기쁨인가, 질투인가, 아니면 불안인가? 내 감정이 어디에서 비롯되는지 솔직히 들여다보면, 스스로에 대한 이해가 깊어진다.

☑ **나는 친구와의 관계에서 비교하는 습관이 있는가?**

내 현실을 친구의 성공과 비교하며 초라하게 느낀 적이 있었는지, 그 비교가 나를 어떻게 흔들었는지 돌아볼 필요가 있다.

☑ **친구의 성취를 질투하기보다는 배울 점으로 삼을 수 있을까?**

친구가 원하는 목표를 이뤘다면, 그 과정에서 내가 참고할 수 있는 부분은 무엇일까? 단순한 부러움에서 끝나는 것이 아니라 내 성장의 동력으로 전환할 수 있을까?

☑ **내가 친구에게 바라는 것은 무엇인가?**

친구가 나를 응원해 주길 바라는가? 아니면 내 감정을 이해해 주길 바라는가? 관계에서 나의 기대치를 명확히 하면 불필요한 감정 소모를 줄일 수 있다.

☑ **나는 친구에게 내 감정을 얼마나 솔직하게 표현하는가?**

내가 느끼는 질투, 불안, 혹은 초라함을 친구에게 가볍게라도 말해본 적이 있는가? 감정을 숨기는 것이 오히려 더 큰 거리감을 만들 수도 있다.

☑ 내가 생각하는 좋은 친구란 어떤 사람인가?

친구는 항상 나와 같은 속도로 가야 하는 존재인가? 아니면 각자의 길을 걸어가면서도 서로 응원해 줄 수 있는 존재인가? 우정의 본질에 대해 다시 생각해보면, 친구와의 관계를 더 편안하게 바라볼 수 있을 것이다.

친구는 때때로 경쟁자로 느껴지지만, 결국 우리가 가장 힘들 때 옆에 남아 있는 사람도 친구다. 질투와 비교로 관계를 멀리하기보다는, 서로의 감정을 솔직히 나누고 성장의 기회로 삼을 수 있다면, 우리는 더 건강한 관계를 만들어 갈 수 있다. 결국, 진정한 우정은 누가 먼저 나아가느냐가 아니라, 서로가 어디에 있든 함께 버텨줄 수 있는가에서 결정된다.

04

직장 속 감정의 흐름, 나는 정말 이곳에서 잘 하고 있을까

―――― *Your emotions determine your life* ――――

직장은 단순히 월급을 받기 위해 시간을 보내는 곳이 아니다. 끊임없는 인간관계, 조직 내 역할과 경쟁, 자신의 성장과 정체성이 맞물리는 공간이다. 업무 성과를 내고 싶은 욕구와, 개인적 가치를 지키려는 마음이 충돌할 때 우리는 종종 '나는 이곳에서 잘하고 있는 걸까?'라는 질문을 던지게 된다. 회사는 성장과 성취의 장이 될 수도 있지만 반대로 감정을 소진시키는 곳이 될 수도 있다. 나는 왜 지치고 있는 걸까? 내게 필요한 것은 더 많은 인정일까, 아니면 더 건강한 거리감일까?

직장에서 마주하는 감정들

❶ 애매한 업무 분담과 책임에서 오는 답답함

현욱(29)은 2년 차 사원이다. 상사의 지시는 늘 모호하고 현욱이 알아서 처리해야 할 일은 끝없이 늘어난다. 업무는 늘어가지만, 상사는 "좋아, 수고했어" 한마디로 마무리할 때가 많다. 보상과 피드백이 불분명한 상황에서 현욱은 점점 지쳐간다. "내가 과연 이 회사에서 성장하고 있는 걸까?"라는 의문이 커지고, 아무리 노력해도 내 가치를 인정받지 못하는 것 같은 무력감이 스며든다.

❷ 동료와의 미묘한 경쟁심에서 오는 불안

미정(34)은 친구처럼 지내던 같은 부서 동료 지윤(32)이 승진 후보에 올랐다는 소식을 들었다. "축하한다!"라고 말하면서도, 마음 한편에서는 자꾸 질투와 초조함이 고개를 든다. 비슷한 시기에 입사했고 실적도 나쁘지 않다고 여겼지만, 승진 대상에서 제외된 자신을 보며 "나는 뭐가 부족한 걸까?" 하는 자괴감이 올라온다. 동료의 성취가 축하할 일이지만, 동시에 내 상황과 비교하게 되는 건 어쩔 수 없다.

❸ 번아웃과 의미 상실에서 오는 무기력

재혁(38)은 대기업에서 10년 넘게 근무하며 누구나 부러워할 만한 직책과 연봉을 얻었다. 하지만 요즘 들어 "이게 정말 내가 바라던 커리어인가?"라는 생각이 자꾸 든다. 높은 업무 강도와 빈번한

야근 속에서 심리적 탈진을 느끼고, "앞으로 10년 뒤 나는 어떤 모습일까?"를 떠올릴 때마다 답답함이 몰려온다. 업무 능력은 충분하지만, 일에 대한 의미를 점점 잃어가는 기분이다. 퇴사를 고민하지만 그마저도 쉬운 선택이 아니다.

직장에서 감정이 흔들리는 이유

❶ 인정 욕구와 결과의 불일치

누구나 자신이 가치 있는 인재라고 느끼고 싶다. 하지만 조직에서는 개인의 노력이 명확하게 인정되지 않을 때가 많다. 상사의 모호한 태도나 불합리한 평가 시스템 때문에 "내가 정말 잘하고 있는 걸까?" 하는 의문이 들고, 기대했던 보상이 따르지 않으면 실망감과 무력감이 커진다.

❷ 조직 문화와 개인 가치의 충돌

회사의 문화는 개인의 신념과 충돌할 때가 많다. 위계질서, 강제 회식, 야근을 미덕으로 여기는 분위기 속에서 "나는 조직의 부품이 되어 가고 있는 걸까?"라는 회의감이 든다. 조직이 요구하는 방식과 내가 원하는 방식이 다를 때, 직장은 갈등과 스트레스의 공간이 되기 쉽다.

❸ 동료이자 경쟁자라는 관계의 모순

함께 일하는 동료가 곧 경쟁자가 되기도 한다. 특히 성과가 개인별로 측정되거나 승진 자리가 한정되어 있을수록 질투와 불안이 커진다. 때로는 좋은 동료로 남고 싶지만 또 한편으로는 "저 사람을 이겨야 내가 올라갈 수 있다"는 현실이 관계를 어색하게 만든다.

❹ 커리어 비전에 대한 불확실성

직장에서 바쁜 일상을 보내다 보면, 어느 순간 "나는 어디를 향해 가고 있는 걸까?"라는 질문이 떠오른다. 안정적인 직장이지만 정체된 기분이 들 때, 퇴사를 고민하면서도 마땅한 대안을 찾지 못해 답답함을 느낄 때 우리는 스스로가 길을 잃은 듯한 감정을 경험한다.

일과 감정을 조화롭게 다루는 방법

❶ 업무 범위와 기대 수준을 명확히 하기

상사나 팀원들과 업무 분장과 책임 범위를 협의하는 것이 필요하다. "내가 해야 할 일이 어디까지인지", "이 일이 어떤 기준으로 평가되는지"를 명확히 하면 막연한 불안과 초조함을 줄일 수 있다.

❷ 내가 정말 원하는 가치를 점검하기

승진이나 연봉이 목표가 아니라면 나는 무엇을 위해 일하고 있는 걸까? 단순한 직장 생활이 아니라 내가 진정으로 의미를 찾을 수 있는 요소를 고민해봐야 한다. 새로운 배움, 더 나은 일 환경, 내가 기여할 수 있는 일이 무엇인지 찾아보는 것도 방법이다.

❸ 커리어 비전을 재설정하고 작은 시도부터 해보기

번아웃이나 미래에 대한 불안이 커진다면, 완전한 퇴사를 고민하기 전에 작은 변화부터 시도해볼 수 있다.

- ☑ 현재 업무 외에 새로운 프로젝트를 시도해본다.
- ☑ 관심 있는 분야의 외부 강의나 스터디에 참여해본다.
- ☑ 직장 내외에서 인생의 또 다른 부캐릭터를 만들어본다. 이런 작은 시도들이 쌓이면, 예상하지 못한 새로운 기회가 열릴 수도 있다.

❹ 직장 안팎에서 감정을 회복하는 루틴 만들기

직장에서는 감정을 소모할 일이 많다. 그렇기 때문에 퇴근 후에는 반드시 감정을 회복할 수 있는 시간을 가져야 한다.

- ☑ 운동, 취미, 명상, 일기 쓰기 등을 통해 감정을 정리해보자.
- ☑ 신뢰할 수 있는 동료나 친구와 솔직한 대화를 나누는 것도 스트레스 해소에 큰 도움이 된다.
- ☑ 회사에서 완전히 벗어나는 시간(완벽한 On-off 시간)을 만들어야 한다. 업무 메시지를 계속 확인하거나, 퇴근 후에도 일 생각에 사로잡혀 있다면, 감정적으로 쉽게 소진될 수 있다.

함께 생각해보기

☑ **나는 직장에서 언제 가장 감정적으로 흔들리는가?**

업무 때문인가, 인간관계 때문인가, 아니면 미래에 대한 불안감 때문인가? 감정의 원인을 명확히 하면 해결책도 조금 더 구체적으로 찾을 수 있다.

☑ **나는 어떤 순간에 직장에서 만족감을 느끼는가?**

월급을 받을 때인가? 인정받을 때인가? 의미 있는 성과를 냈을 때인가? 나에게 동기부여가 되는 요소를 정확히 파악하면 일을 바라보는 시선이 달라질 수 있다.

☑ **내가 정말 원하는 커리어는 무엇인가?**

현재 회사에서 내가 성장할 수 있는지 아니면 다른 길을 모색해야 하는지 솔직히 생각해보자.

☑ **일과 감정의 균형을 맞추기 위해 내가 실천할 수 있는 작은 변화는 무엇인가?**

직장에서의 감정 소모를 줄이고 더 나은 환경을 만들기 위해 내가 지금 당장 할 수 있는 작은 행동은 무엇일까?

직장 생활은 때로 우리를 지치게 하지만 동시에 자신을 발견하는 또 다른 장이 될 수도 있다. 중요한 것은 내 감정을 어떻게 다루고 어떻게 성장해 나갈 것인가다. 직장에서 감정적으로 흔들릴 때 스스로에게 던지는 질문과 작은 실천이 우리를 더 단단하게 만들어 줄 것이다.

05

SNS, '좋아요' 하나에 울고 웃는 마음
―――― *Your emotions determine your life* ――――

스마트폰 속 작은 화면에서 벌어지는 일들이 우리의 일상과 감정에 예상을 뛰어넘는 영향력을 행사한다. 몇 개의 '좋아요'가 달렸는지, 어떤 댓글이 달렸는지에 따라 자존감이 출렁이고 때론 "누구는 이렇게 멋지게 사는데 왜 나만 이럴까?" 하는 상대적 박탈감이 밀려온다. SNS가 단순한 소통 창구를 넘어 현대인들의 감정을 흔드는 거대한 무대가 된 이유다.

여기에 더해 SNS는 때로 우리에게 '이 순간도 제대로 즐기지 못하고 올릴 사진부터 남기게 만드는' 아이러니한 풍경을 만들어내기도 한다. 누군가의 반응을 기대하며 정작 내가 누구인지, 지금 어떤 감정을 느끼는지는 놓치고 지나가는 일이 잦아진다. 결국 SNS

는 보여주기와 진정성 사이에서 끊임없는 갈등을 불러일으키며 우리의 감정을 자주 흔들어 놓는다.

SNS 속에서 흔들리는 감정들

❶ 눈 뜨자마자 하는 일, 그리고 하루의 감정이 좌우될 때

아침에 일어나 가장 먼저 휴대폰을 확인한다. 밤에 자기 전까지도 SNS를 훑으며, '내 게시글에 새 댓글이나 좋아요가 달렸을까?'를 체크한다. 미미한 반응이라도 새로 달리면 반가워지고, 아무 변화도 없으면 괜히 우울해진다. 심지어 부정적인 댓글이라도 달리는 날이면 하루 종일 기운이 빠질 정도다. 점점 '이것이 내 진짜 기분인지, 아니면 SNS가 만들어낸 우울감인지' 헷갈릴 지경에 이르기도 한다.

❷ '좋아요' 숫자에 울고 웃는 마음

보람(27)은 최근 여행 사진을 올렸는데, 평소보다 '좋아요'가 훨씬 적었다. 이유를 알 수 없지만, "내 인생이 별로라서인가?"라는 자책까지 이어진다. 한편, 민주(32)는 새로 맡은 프로젝트가 성공해 인증샷을 올렸더니, 폭발적인 반응 덕분에 자존감이 급등한다. "SNS에서 나를 인정해주는 느낌"에 빠진 민주 역시, 언젠가 반응이 줄면 다시 불안에 시달릴 가능성이 크다. 이렇게 '좋아요'와 댓글 반응에 지나치게 휘둘리다 보면, 오히려 현실에서 내가 느낄 수 있는 만족감이 무뎌질 위험이 있다.

❸ 끊임없는 비교와 '나는 부족한가?'라는 감정

친구가 자랑하는 예쁜 식당, 유명 인플루언서의 호화로운 여행 사진, 잘나가는 동료의 멋진 라이프스타일 등 스크롤을 내릴 때마다 화려한 장면이 이어진다. 정작 내 일상은 별다를 것 없이 지루하게 느껴지고, "나는 왜 이렇게 재미없이 살지?"라는 상대적 박탈감이 밀려온다. 알고 보면 그 화려함 뒤에는 각자만의 고민과 실패가 숨어 있을 텐데 SNS에서는 드러나지 않는 면이 많다. 그래서 결국 내 평범한 하루가 초라하게만 보이게 된다.

왜 SNS에 이렇게 흔들릴까?

❶ 인정 욕구와 즉각적인 피드백의 중독

SNS는 좋아요, 댓글, 공유 등의 '실시간 반응'을 통해 누구나 "내가 괜찮은 사람인가?"를 빠르게 확인받을 수 있는 무대를 제공한다. 문제는 그 숫자나 반응이 "내 인생의 전부가 아닐 뿐"이라는 사실을 쉽게 잊게 만든다는 것이다. 반응이 적으면 자존감이 바닥을 치고 반응이 많으면 순간적으로 과도한 자아도취로 이어질 수 있다. 더 나아가 주변의 반응 없이는 내가 어떤 감정을 느껴야 할지도 모호해지는 상태가 될 수 있다. 나 스스로를 평가하기보다 타인에게 의존하는 것이 습관화되면, SNS가 곧 내 자존감의 기준점이 되어버린다.

❷ '비교 게임'의 무대와 FOMO(Fear Of Missing Out)

SNS는 남들의 '하이라이트' 장면을 모아놓은 곳이다. 실패나 좌절, 우울함 같은 순간들은 잘 드러나지 않기에 상대방의 삶이 완벽해 보이는 착시가 일어난다. 자연스레 "내 삶은 왜 이렇게 평범(혹은 초라)해 보이지?" 하는 열등감에 빠지게 되고 'FOMO', 즉 남들은 다 누리는 무언가를 내가 놓치고 있다는 불안감까지 겹쳐 마음이 더 분주해진다. 하루 중 많은 시간을 SNS로 보내다 보면 현실 세계에서는 별다른 사건이 없어도 이 비교가 끊임없이 일어나 심리적 압박감이 커진다.

❸ **정체성 혼란과 'SNS 속 나'와 '진짜 나'의 괴리감**

실제 모습과는 다른 사진이나 필터로 꾸며진 이미지, 지나치게 완벽한 일상만을 보여주는 피드가 반복되면, "나는 어떤 사람이었지?"라는 질문이 뒤늦게 찾아온다. 공감받고 싶어서 올리는 게시글이지만, 정작 진솔한 이야기는 숨기고 예쁜 것, 멋진 것 위주로만 보여주다 보면, 내 삶을 있는 그대로 표현하기 어려워진다. 이런 왜곡된 소통이 장기화되면, 스스로조차 내가 정말 좋아하는 것과 단지 인기를 끌기 위해 하는 일을 구분하기 어려워진다.

SNS와 건강하게 공존하는 방법

❶ **'좋아요' 숫자에 집착하지 않기**

쉽지는 않지만, 좋아요·댓글 수를 내 인생의 성적표처럼 여기지 않도록 의식적으로 훈련해야 한다. 좋아요가 적어도 내가 진짜 좋아하는 순간이라면 충분히 가치 있다는 사실을 잊지 말자.

❷ '이 순간'에 충실하기: 비교 대신 관찰

다른 사람의 화려한 일상을 볼 때, "우와 대단하다"라고 감탄하는 동시에, '나도 조금씩 시도해볼 수 있을까?'라는 긍정적 영감으로 바꿔볼 수 있다. 작은 성취나 사소한 즐거움을 누릴 때마다, 굳이 사진으로 인증하기 전에 '나 자신이 이 순간을 진짜로 즐기고 있는가?' 자문해보자.

❸ SNS 사용 시간·방식 조절하기

- 특정 시간대에 SNS 접속 금지 (ex. 아침 기상 후 1시간, 취침 전 1시간 등)
- 하루 2~3회만 SNS에 들어가서 확인하는 식으로 중독성 조절
- SNS에 대한 피로도가 높다면, 일시적 계정 비활성화나 '디지털 디톡스(Digital Detox)' 시도

❹ 오프라인 관계와 나 자신에 집중하기

현실 세계에서의 작은 성취와 즐거움을 '인증샷' 없이도 충분히 만끽해보면, SNS 반응에 대한 의존도가 점차 낮아진다. 혼자만의 시간을 보내는 취미나, 직접 만나 대화할 수 있는 친구, 가족과의 관계를 늘리는 것도 글, 사진으로 소통하는 관계를 대신해주는 든든한 지지대가 된다.

함께 생각해보기

☑ **나는 SNS를 통해 진짜 얻고 싶은 게 무엇인가?**

단순한 관심인가, 소통인가, 아니면 인정인가? 나도 모르게 '타인의 시선'이 기준이 되어버린 건 아닌지, 내가 원하는 것이 무엇인지 정확히 돌아보자. 만약 단순한 재미나 정보 습득이 목적이라면, 굳이 감정적으로 소모될 필요가 없다.

☑ **나는 내 삶을 있는 그대로 즐기고 있는가?**

SNS에 올릴 사진을 고민하다가, 정작 내가 경험하는 순간 자체를 놓치고 있지는 않은가? 맛있는 음식을 먹으며 사진 찍는 데 집중하느라 정작 음식의 맛을 음미하지 못하는 것처럼, SNS가 순간을 빼앗아가고 있는지 점검해보자.

☑ **남들의 화려한 게시물을 볼 때, 나는 왜 스스로를 초라하다고 느끼는 걸까?**

비교할 필요 없는 대상과 나를 비교하고 있지는 않은가? SNS에서 보이는 장면들은 편집된 삶일 가능성이 크다. 그들의 '하이라이트'와 나의 '평범한 하루'를 비교하며 자책하는 것은 불필요한 감정 소모일 수 있다.

☑ **나는 SNS 없이도 나 자신을 충분히 만족스럽게 느낄 수 있는가?**

'좋아요'나 댓글이 없어도 내가 한 일에 대한 만족감을 느낄 수 있는가? 만약 SNS 반응이 없으면 내 성취가 무의미하게 느껴진다면, 그

것이 진짜 문제다. 내가 어떤 가치를 중요하게 생각하는지 다시 한번 되새겨 볼 필요가 있다.

☑ **SNS 사용을 줄이면 내 감정 상태는 어떻게 변하는가?**

하루 동안 SNS를 아예 하지 않았을 때, 내 기분은 어떻게 달라지는가? 불안한가, 아니면 더 평온한가? 내 감정을 세밀하게 관찰해보면, 내가 얼마나 SNS에 감정적으로 의존하고 있는지를 알 수 있다.

☑ **나는 내 감정을 SNS에 얼마나 솔직하게 드러내고 있는가?**

내가 SNS에 올리는 내용은 '남들이 보고 싶어할 만한 것'인지, 아니면 진짜 나의 감정이 담긴 이야기인지 돌아보자. 만약 늘 행복한 모습만 보여주려 애쓴다면, 나 스스로도 그 감정을 강요받고 있는 것은 아닌지 고민해 볼 필요가 있다.

☑ **오프라인에서 더 의미 있는 시간을 보내려면 무엇을 할 수 있을까?**

SNS는 분명 소통을 위한 훌륭한 도구지만, 그것이 내 감정을 좌지우지하게 만든다면 경계를 세워야 한다. '좋아요' 하나에 흔들리는 나를 발견했다면, 이제는 내가 진짜 원하는 감정과 가치를 찾아야 할 때다. SNS는 우리의 삶을 보여주는 창이 아니라 우리가 원하는 방식으로 활용해야 하는 하나의 선택지일 뿐이다. 중요한 것은 '보이는 삶'이 아니라 '진짜 삶'이다.

06

존중과 무시의 사이
Your emotions determine your life

상대방이 나를 무시한다고 느끼는 순간, 우리는 예상치 못한 감정 폭발을 경험하기도 한다. 어쩌면 상대방은 별다른 의도가 없었을 수 있지만, "방금 저 말은 날 낮춰보는 거 아닌가?"라는 생각이 들면 마음이 불편해지고 경계심이 생긴다. 반대로 나 자신도 무심코 어조나 표현으로 상대를 깎아내리는 말을 했을 수 있다. '의도적 무시'는 아니어도, 듣는 입장에선 존중받지 못한다고 느낄 수 있다는 뜻이다. 이렇게 미묘한 기싸움과 예민함은 일상에서 빈번하게 발생하는데, 사소한 말 한마디가 오랜 앙금을 남기거나 관계를 깨뜨릴 수도 있다.

I. 문제 상황(갈등 상황 제시)
: 누구나 한 번쯤 겪어본 '존중, 무시' 순간들

❶ 대화 중 끼어들기와 무시당하는 느낌

지훈(28)은 회의 중 자신의 의견을 이야기하려 할 때마다 선배가 "그러니까, 결국 이 얘기잖아?"라며 말을 중간에 끊는다. 선배 입장에선 간단히 요약해주는 것일 수 있지만 지훈은 '내 이야기가 끝나기도 전에 가로채네. 내 말은 중요하지 않은가?'라는 생각에 무시 받는 기분을 느낀다. 한두 번은 참고 넘어갈 수 있지만, 이런 일이 반복되면 지훈은 자꾸 말하기가 꺼려지고 내가 존중받지 못하고 있다는 불편함만 쌓인다.

❷ '별거 아닌데'라며 대수롭지 않게 여기는 태도

혜영(32)은 친구에게 요즘 겪는 힘든 상황을 털어놓았다. 그런데 친구는 "에이, 그 정도는 다들 겪는 거야. 그냥 넘겨"라며 가볍게 치부한다. 친구 입장에선 농담 섞인 위로나 조언이었을 수도 있지만, 혜영은 오히려 "내 고민을 진지하게 들어주지 않는다"는 서운함을 느낀다. 작은 차이 같지만 정작 힘든 사람에게는 '네 문제는 하찮아'라는 인식으로 전달될 수 있다. 그렇게 소통이 어긋나면 두 사람의 관계는 점점 거리를 두게 된다.

❸ 외모나 배경을 깎아내리는 농담

재혁(35)은 모임에서 종종 "너는 원래 패션에 관심이 없으니까"

라든지 "네가 뭘 알아? ○○ 출신이라서 잘 모를걸?" 같은 농담을 듣는다. 말하는 사람은 그냥 친근한 장난이라고 생각할 수 있다. 하지만 재혁은 그럴 때마다 존재 자체가 깎이는 기분이 들고 "무시당했다"는 생각이 들어 모임에 나가는 것도 꺼려진다. 결국 별다른 의도 없이 던져진 말 한마디가 사람의 자존감을 건드리고 모임 분위기를 해치는 결과를 낳는다.

❹ 무심코 내뱉은 말로 상대를 얕보는 상황

수진(27)은 동료가 프로젝트 아이디어를 제안했을 때, "에이, 그건 너무 단순하지 않아?"라고 반사적으로 말했다. 정작 수진은 좀 더 보완이 필요하다는 뜻 정도로 표현했을 뿐이지만 상대 입장에선 "내 아이디어를 별 볼 일 없다고 평가했네"라고 해석할 수 있다. 이후로 동료는 새 아이디어를 제안하는 걸 꺼리게 되었고, 수진도 뒤늦게 "내가 너무 예민하게 말했나?"라며 후회한다.

이렇듯 존중과 무시는 종종 작은 언행에서 시작된다. 사소한 표현 차이 같아 보여도 듣는 사람에게 당신을 낮게 본다는 시그널로 다가가면 생각 이상으로 불쾌함이 깊어진다. 서로 의도가 없었어도 이 불편함이 누적되면 관계가 금이 가기 쉽다.

II. 감정의 흐름과 원인 분석
: 왜 이렇게 '존중, 무시'에 예민할까?

❶ 자존감의 방어기제

누군가의 말이나 태도가 내 자존감을 건드린다고 느낄 때, 우리는 즉각적으로 방어하거나 분노를 표출하게 된다. "나를 하찮게 여기지 마!"라는 본능이 발동하는 셈이다. 만약 내가 과거에 무시당했던 경험이 있거나 내면에 '나는 가치 있는 사람인가?'라는 불안이 크다면 이런 예민함은 더 심해진다. 작은 말 한마디에도 '혹시 지금 나를 깎아내렸나?'라고 의심하게 된다.

❷ 의사소통의 스타일 차이

어떤 사람은 직설적인 표현이나 반응을 '솔직함'이라고 여겨 큰 문제가 안 된다고 생각한다. 하지만 상대가 비슷한 습관이 없다면, 똑같은 말도 "왜 이렇게 공격적이지?", "날 무시하나?"라고 느낄 수 있다. 말투나 표현 방식, 대화 속도, 끼어드는 타이밍 등 사소한 것처럼 보여도 서로 다른 의사소통 스타일이 '존중, 무시' 갈등을 유발한다.

❸ 나도 모르게 상대를 깎아내리고 있는지에 대한 인지 부족

누군가는 단순히 농담, 가벼운 충고라고 말하지만, 듣는 입장에선 "네가 뭘 알아?"라는 무의식적 태도를 감지할 수 있다. "나는 그런 의도가 아니었어"라고 주장해도, 이미 상대가 깎여 나간 기분을 느꼈다면 그 자체가 문제가 된다. 평소 말하는 습관에서 나도 모르게 상대를 낮춰 부르기, 지역·배경으로 사람을 구분 짓기, 사소한 부분을 집요하게 지적하는 패턴이 있다면 내가 의도치 않아도 상대에게 상처가 될 수 있다.

❹ **위계나 배경에서 오는 예민함**

조직 내 서열이나 학벌·지역·가족 배경처럼 개인의 민감 포인트를 건드리면 단번에 '무시당했다'고 느낄 가능성이 커진다. 예컨대 상급자가 하급자에게 무심코 한 말도, 하급자는 '상사가 날 얕보는구나'라고 생각할 수 있다. 또한 지역·출신 배경이나 외모·가정환경 등은 누구에게나 민감한 영역이기에 말 한마디에 폭발적인 반응이 올 수 있다는 점을 인지해야 한다.

III. 해결 또는 성장의 계기
: 어떻게 하면 상호 존중을 지킬 수 있을까?

❶ **말을 가로챌 때는 의도를 명확히**

상대가 발언 중일 때, 내가 보충설명만 하려는 건지, 결론을 재빠르게 내고 싶은 건지 분명하게 밝히자. 말을 끊고 요약할 때는 "미안, 네 말 아직 안 끝났지? 내가 이렇게 이해했는데 맞아?" 같은 식으로 상대 발화를 끝까지 존중해주는 습관이 필요하다. 이를 통해 "내가 너의 의견을 가볍게 여기지 않는다"는 메시지를 전달할 수 있다.

❷ **충고·농담을 하기 전에 조금 더 배려하는 말투 사용하기**

"넌 원래 그런 걸 모르잖아?" 대신 "혹시 이런 방법은 생각해봤어?"처럼 표현을 바꾸면 전혀 다르게 들린다. 농담도 마찬가지다.

"너한테는 이거 안 어울리지 않나?"라는 말을 '관심 표현'이라고 착각하기보다, 듣는 사람 입장에서 기분이 어떨지 한 번만 더 생각해볼 필요가 있다. 작은 말투 차이가 존중과 무시의 갈림길이 될 수 있다.

❸ 내 감정이 격해진다면, 원인을 찾아보자

만약 내가 상대의 말에 과도하게 분노하거나 상처받았다면 그 원인은 상대방이 아니라 내 과거 경험이나 내 자존감의 약한 지점일 수 있다. 이를테면 어릴 때부터 "너는 제대로 못해"라는 말을 반복해서 들어왔다면 비슷한 뉘앙스를 가진 단어에 민감하게 반응하게 된다. 내가 왜 이렇게 화가 났는지 나의 상처를 먼저 들여다보면 "이 사람이 일부러 무시한 건 아닐 수도 있겠다"라는 여유가 생긴다.

❹ 열린 대화로 오해를 즉시 풀기

상대방의 말이 불쾌하게 들렸다면 그 감정을 쌓아두지 말고 "방금 네 말이 이렇게 들려서 좀 기분이 안 좋았어. 혹시 그런 뜻이 아니었으면 말해줘"라고 즉시 이야기해보자. 갈등 상황에선 대부분 '너 그런 의도였지?'와 '아니야, 그런 의도가 아니었어'의 다툼이 반복되는데 즉시 대화를 통해 확인하면 의외로 쉽게 풀릴 때가 많다. 이런 과정에서 "내가 미처 몰랐던 표현이 상대에게 어떤 의미가 됐는지"를 알게 되고, 서로 말조심하게 되는 계기가 마련된다.

Ⅳ. 마무리
: 존중을 확인받고 싶어 하는 건, 결국 서로가 다르지 않다

상대방이 날 무시했다고 느끼는 순간, 우리는 화를 내거나 마음을 닫아버린다. 하지만 정작 상대는 '그렇게 들릴 줄 몰랐다'고 당혹스러워할 수 있다. 나 또한 무의식적으로 상대를 깎아내리는 표현을 쓸 때가 있을지 모른다. 그만큼 존중, 무시 문제는 우리 모두가 동시에 겪는 상호적 이슈다. 상대의 말 한마디가 본인의 자존감을 건드릴 때, 우선 스스로에게 물어볼 필요가 있다. "내가 왜 이렇게 예민해졌을까? 과거 어떤 상처가 자극됐나?" 그리고 동시에 "혹시 이 사람이 진짜 무시하려는 의도가 있었나? 아니면 단순히 말투 차이나 작은 습관 문제일 수도 있나?"를 따져보는 것이다. 의외로 많은 갈등이 이런 과정만으로도 해소될 수 있다.

결국 서로가 서로에게 존중을 확인받고 싶어 한다는 사실을 알게 되면, 작은 말투 변화나 태도의 세심함이 대화의 질을 완전히 바꾼다. 존중이란 거창한 예절이 아니라 상대의 말을 끝까지 들어주는 것, 불필요한 농담을 삼가는 것, "네 의견도 궁금해"라고 물어봐주는 것에서 시작된다.

한 번의 실수로 상대를 무시했다고 느끼게 했다면 그냥 지나치지 말고 즉시 소통하자. 작은 불씨도 방치하면 언젠간 커다란 감정

폭탄이 되어 돌아온다. 반대로, 그 불씨가 올라올 때 열린 태도로 "지금 기분이 어때?", "내가 혹시 잘못 말한 거 있어?"라고 물으면, 관계는 의외로 더 단단해질 수도 있다. 존중받고 싶다면, 먼저 상대를 존중하는 연습부터. 말 한마디에도 배려와 인정이 담긴다면, 우리는 서로에게 더 안전한 존재가 될 수 있다.

함께 생각해보기 _____

☑ **나는 언제 '무시당했다'고 느끼는가?**

내가 존중받지 못한다고 느끼는 순간이 언제인지 돌아보자. 단순한 말실수에도 민감하게 반응하는지, 혹은 특정한 상황에서만 이런 감정을 느끼는지 알아차리면, 나의 감정이 어디에서 비롯되는지 더 명확하게 이해할 수 있다.

☑ **나는 상대를 존중하고 있는가?**

존중받고 싶다면, 나 또한 상대에게 같은 태도를 보이고 있는지 돌아봐야 한다. 상대의 말을 끊거나, 의견을 가볍게 흘려보내진 않았는지 점검해보자. 내가 무심코 했던 말이 상대에게는 '무시당했다'는 감정을 줄 수도 있다.

☑ **무시당했다는 감정을 느꼈을 때, 나는 어떻게 반응하는가?**

즉각적으로 감정을 터뜨리는가, 아니면 속으로 삭이며 관계를 멀어지게 하는가? 존중받지 못했다고 느꼈을 때, "방금 그 말이 나에게는 이렇게 들렸어"라고 차분히 설명하는 연습이 필요할지도 모른다.

☑ **나는 상대의 말이 나를 무시한 게 아닐 수도 있다는 가능성을 열어두고 있는가?**

상대가 의도적으로 나를 깎아내린 게 아닐 수도 있다. 단순한 말버릇이거나 표현 방식의 차이일 가능성을 열어두면, 불필요한 감정 소모를 줄일 수 있다.

☑ 나는 타인을 진심으로 존중하고 있는가?

내가 원하는 존중을 타인에게도 베풀고 있는가? 상대의 이야기를 끝까지 듣고, 그의 감정을 존중하는 태도를 갖추는 것이 중요하다.

☑ 감정을 너무 오래 쌓아두고 있지는 않은가?

반복적으로 존중받지 못한다고 느낀다면, 감정을 쌓아두기보다 솔직하게 이야기하는 것이 더 나을 수 있다. "그 말이 나한테는 이렇게 들려서 기분이 상했어"라고 직접 표현하면, 불필요한 오해를 줄일 수 있다.

☑ 존중받고 싶은 감정이 결국 내 자존감과 연결되어 있는 건 아닐까?

작은 말에도 과민하게 반응하는 이유가 내 안의 불안 때문일 수도 있다. 상대에게 존중받기 위해 애쓰기보다, 먼저 스스로를 존중하는 방법을 찾아야 한다.

존중은 단순히 말 한마디로 결정되는 것이 아니라, 우리가 서로를 어떻게 바라보고, 어떻게 소통하는가에 따라 달라진다. 존중받고 싶다면, 먼저 상대를 존중하는 사람이 되어야 한다.

07

"정말 축하해!" 뒤에
숨겨진 진짜 속마음

Your emotions determine your life

우리는 진심으로 누군가를 응원하고 싶어 한다. 친구의 승진, 동생의 창업 성공, 지인의 꿈 같은 결혼 소식에 "정말 잘됐다!"라고 외치지만, 마음 한구석에선 '왜 난 이 모양일까?' 하는 시기심이 고개를 든다. 축하와 질투가 함께 올라오는 이 복합감정은, 때로 우리 스스로를 당황스럽게 만든다. 가까운 사람을 진심으로 기뻐해주면서도 동시에 조급함이나 자괴감을 느끼는 건 의외로 흔한 경험이기 때문이다.

Ⅰ. 문제 상황(갈등 상황 제시)
: 더 솔직하고 임팩트 있는 사례들

❶ 끝없이 시험 떨어진 나, 한 번에 붙은 친구

윤지(29)는 공무원 시험을 몇 년째 준비 중이다. 필기나 면접마다 번번이 탈락해 자존감이 바닥일 무렵, 비슷한 시기에 시작했던 친구 연우(28)가 "나 이번에 최종 합격했어!"라며 기쁜 소식을 전해 왔다. 윤지는 "정말 대단하다, 축하해!"라고 말하며 진심으로 기뻐했지만, 돌아서는 순간 '나만 여전히 이곳에서 헤매는 걸까...' 하는 초라함이 몰려와 괜히 눈물이 날 것만 같다.

❷ 결혼식에서 빛나는 단짝, 비혼을 선택한 내가 느끼는 복잡함

세영(31)은 결혼 대신 경력과 취미에 집중하기로 결심했다. 그런데 절친 소민(31)의 결혼식장에서 웨딩드레스를 입은 소민이 너무나 행복해 보이자, 세영은 "너 정말 아름답다!"라고 축하하면서도, 마음 한구석이 살짝 뒤틀린다. '나는 비혼을 택해도 괜찮다고 믿었는데, 혹시 나만 뒤처지는 건 아닐까?' 하는 불안이 고개를 드는 순간, 스스로가 흔들리는 기분이 든다.

❸ SNS 히트친 친구 vs 발만 담그고 있는 나

태진(33)은 노래를 잘해 주변에서 '유튜브 해봐'라는 권유를 자주 들었지만, 늘 용기가 부족해 방구석 라이브 정도로만 만족했다. 그런데 오랫동안 알고 지낸 친구 규현(33)이 SNS에 커버 영상을 올리더니, 갑자기 바이럴을 타면서 구독자 수가 폭발적으로 늘었다. 태진은 "진짜 잘됐다! 축하해!"라고 말하지만, 속으로는 '난 왜 이렇게 허송세월만 보냈지? 이젠 늦었나...' 하는 질투와 후회에 잠긴다.

이렇게 가까운 사람들이 빛나는 순간을 마주할 때, 우리는 분명 기쁘고 대견하면서도 동시에 조급함이나 자괴감을 느낄 수 있다. 함께 울고 웃던 친구가 한발 앞서 성취를 이뤘을 때 떠오르는 미묘한 감정은 부정할 수 없는 현실이다.

II. 감정의 흐름과 원인 분석
: 응원 속에 피어나는 시기의 정체

❶ 나도 그 자리에 서고 싶었어

친구나 가족의 성취가 더 크게 부러워 보이는 이유는, 사실상 내가 그 길을 간절히 원했거나 한 번쯤 시도해보고 싶었던 욕망이 있기 때문이다. "난 아직 준비가 안 됐어"라며 미뤄왔던 일을 상대가 해냈을 때, 스스로가 더 초라해지는 기분이 드는 건 어쩌면 당연하다.

❷ 자존감이 흔들리는 비교 구도

"정말 축하해!"라고 말하면서도 '나는 언제쯤 가능할까?'라는 비교가 동시에 발동하면 상대와의 거리가 크게 느껴진다. 이때 질투를 '나쁜 감정'이라 여기고 억누르기만 하면, 그 뒤엔 죄책감까지 겹쳐 더 힘들어질 수 있다.

❸ 과거 선택과 미래 불안

"결혼 안 하고 내 길을 가겠다"던 사람이 친구의 결혼식에서 흔들리고, 안정적인 직장을 버리고 창업을 택한 이가 주변의 승진 소식을 들으면 긴장한다. 결국 내가 내린 선택이 옳았는지 의심하게 되고, 그때 느껴지는 불안이 시기심을 자극한다.

❹ 응원에 담긴 내 욕망 투영

"네가 잘돼서 정말 좋아"라고 말하면서도 그 안에는 '사실 나도 저렇게 빛나고 싶다'는 욕망이 섞여 있다. 시기심은 내 잠재된 열망을 깨우는 신호일 수 있다.

III. 해결 또는 성장의 계기
: '시기심 → 실전 액션'으로 가는 획기적 방법들

❶ '나도 해볼게' : 48시간 Rule

친구가 성공했다는 소식을 들었을 때, "나도 뭐라도 시작해볼까?"라는 생각이 잠깐이라도 들었다면, 48시간 내에 구체적인 첫걸음을 내디뎌 보자. 시기심이 가장 뜨거울 때 작은 행동 하나라도 하면, 그 에너지가 식지 않고 새로운 도전으로 이어질 확률이 높다.

❷ 비교는 금지, 대신 '샘플 연구'로 바꾸기

'친구가 한 번에 시험에 붙은 건 공부법이 뭐였지?', 'SNS로 대박

난 사람은 어떻게 시작했지?' 단순히 '내가 못한 이유'를 자책하기보다, 상대를 '연구 대상'처럼 접근하면 얻을 팁과 로드맵이 생긴다. 의외로 작은 습관이나 방법론 하나가 내게 큰 변화를 가져올 수 있다.

❸ '이미 가진 것' 역산 방식: 내 무기 목록 작성

시기심이 커지면, 보통 스스로를 한없이 낮춰 보게 된다. 이럴 때 한 번의 사소한 성공 경험, 열심히 공부했던 시기, 크든 작든 이룬 업적까지 포함해 내가 이미 이룬 것, 잘해온 것을 10가지 이상 적어본다. 그 목록을 보면 '내가 아무것도 아닌 게 아니구나' 하고 재인식하게 된다.

❹ '시기 브레이크' 대화법

질투가 심해지면 흔히 뒷담화로 흐르기 쉽다. 이를 막으려면 직접 '함께 대화'하는 걸 시도하자.

- 먼저 진심으로 칭찬한다. → "너 정말 대단해. 한 번에 붙다니!"
- 이어서 구체적인 배움을 청한다. → "어떻게 준비했어? 나도 참고해보고 싶은데."
- "나도 가까운 시일 내에 뭐라도 시작해봐야겠어"로 마무리한다.

이렇게 하면 질투가 긍정적인 대화가 되고, 스스로 동기부여를 받게 된다.

❺ '시험판 도전' : 최소 위험으로 시도하기

큰 꿈을 한 방에 이루긴 어렵다면, 부담 없는 작은 단계부터 시작한다. 가령 창업이 목표라면, 먼저 SNS로 소규모 상품을 팔아본다든지, 유튜브를 하고 싶다면 지인에게만 공유할 1분짜리 영상부터 올려본다. 시기심에 묻힌 '할까 말까'를 깨어내는 데는 작은 버전의 시도가 효과적이다.

Ⅳ. 마무리
: 시기심, 알뜰하게 써먹기

"친구가 잘되면 기뻐해야 하는데, 왜 내 마음은 이렇게 복잡할까?" 이런 질문을 스스로에게 던진다면, 이미 시기심은 내 안의 욕망을 드러내는 '각성 시그널' 역할을 하고 있는 것이다. 우리는 이 감정을 억누르거나 자책하는 대신, 작은 행동으로 전환함으로써 자칫 부정적인 에너지가 될 수 있는 시기심을 발전의 동력으로 바꿀 수 있다. 축하와 질투가 동시에 올라올 때, 두 갈래 길이 있다. 하나는 시기심을 억누르며 자존감을 떨어뜨리는 길이고, 다른 하나는 "나도 해볼래"라고 즉시 움직이는 길이다. 후자의 길을 택하면, 시기심이 '내가 진짜 원하는 것을 알아챘다'는 깨달음과 함께 나도 도전할 수 있다는 자신감으로 이어진다.

시기심은 내가 아직도 무언가를 간절히 원한다는 신호다. 만약 시기심이 올라온다면 그냥 끝내지 말고 행동으로 연결해보자. 상대가 빛나는 순간이 내게 상처로만 다가오지 않고, 또 다른 응원이 될 수 있다.

함께 생각해보기

☑ **내가 가장 시기심을 느끼는 순간은 언제인가?**

나는 어떤 상황에서 특히 시기심이 올라오는가? 단순한 비교 때문인지, 아니면 내가 간절히 원했던 것을 누군가 먼저 이뤘기 때문인지 파악해보자.

☑ **시기심이 나쁜 감정이라고만 생각하고 있진 않은가?**

시기심을 느꼈다는 사실 자체에 죄책감을 갖고 억누르기보다, 그것이 내 안의 욕망을 드러내는 신호일 수도 있다는 점을 받아들이자.

☑ **나는 지금 내 목표를 향해 가고 있는가?**

단순히 남과 비교하며 초조해하기보다, 내 길을 가고 있는지를 점검해보자. 혹시 '해야 할 일'을 미루며 머뭇거리고 있었다면, 지금이야말로 작은 실행을 시작할 때다.

☑ **친구의 성공에서 내가 배울 점은 없는가?**

질투심에 빠지기보다, 친구의 성공에서 배울 점을 찾아볼 수 있을까? 그들이 했던 노력, 전략, 태도를 분석해보면 내게도 적용할 수 있는 부분이 있을 것이다. 시기심을 나를 위한 동력으로 바꿀 수 있을까? '나는 저걸 원한다'는 마음이 드는 순간, 단순히 부러워하는 데서 멈추지 말고 48시간 이내에 작은 행동을 해보자. 한 번의 시도가 생각보다 큰 변화를 가져올 수도 있다.

☑ **내가 이미 가진 것들은 무엇인가?**

시기심이 커지면, 내 삶이 하찮아 보이기 쉽다. 하지만 내가 지금까지 이뤄온 것, 작은 성취들을 떠올려보면, 내가 전혀 뒤처진 것이 아니라는 걸 깨달을 수도 있다.

☑ **시기심을 느꼈을 때, 나는 어떻게 반응하는가?**

스스로를 깎아내리며 자책하는가, 아니면 "나도 할 수 있다"는 방향으로 전환하는가? 감정에 휩쓸리기보다, 그것을 활용하는 법을 고민해보자. 시기심은 단순히 부정적인 감정이 아니라, 내가 진짜 원하는 것이 무엇인지 알려주는 힌트가 될 수 있다. 감정에 머물러 있기보다, 그것을 행동의 에너지로 전환하는 순간 우리는 한 걸음 더 나아갈 수 있다.

08

갈등,
역설적 친밀감

―――― *Your emotions determine your life* ――――

서로 잘 통한다고 믿었던 가족이나 연인, 혹은 친구와 격렬한 다툼을 겪은 뒤, 뜻밖에도 이전보다 더 깊게 연결된 것처럼 느껴본 적이 있는가? 사소한 불만이 쌓여 폭발하고, 거친 말싸움 속에서 울분과 속마음이 드러난 뒤 오히려 마음이 풀리고 상대와 한층 가까워진 기분,이를 가리켜 "역설적 친밀감"이라 부를 수 있다. 이렇게 엄청난 에너지를 소모하면서도, 때때로 갈등을 통해 비로소 관계가 단단해지는 아이러니한 현상이 벌어진다.

I. 문제 상황(갈등 상황 제시)
: 부부·가족·친구 간의 폭발적 충돌

❶ **부부가 된 이후, '내 편인 줄 알았는데…'**

예지(33)와 지훈(35)은 결혼 전엔 별 갈등이 없어 보였다. 하지만 함께 살면서 집안일 분담, 생활 습관 차이 등으로 작은 불만이 쌓였고, 서랍 정리 문제로 시작된 말다툼이 예상치 못하게 커졌다. 서로 상처 주는 말이 오가고 "당신이 어떻게 그럴 수 있어!"라는 고함까지 튀어나왔지만, 그날 밤에는 참아왔던 울분과 연약한 속내가 함께 드러났다. "이제야 서로 속에 있는 걸 솔직히 털어놨구나"라는 해방감과 함께, '우리가 그동안 서로를 너무 참았구나' 하고 깨닫게 된 것이다.

❷ **성인이 된 형제자매, '더 이상 남남이나 다름없다'**

혜선(29)과 혜린(27)은 어릴 때는 사이가 좋았지만, 각각 사회생활을 시작한 뒤 조금씩 거리가 생겼다. 부모님 간병이나 생활비 부담처럼 현실적인 문제로 갈등이 본격화되자, "넌 왜 책임감이 없어!", "언니가 다 알아서 할 줄 알았어!"라는 말이 터져 나왔다. 오랜 서운함과 비교 의식이 뒤섞여 격렬히 다툰 후, 둘은 눈물을 쏟으며 "나도 사실 힘들었어", "네 마음 몰라줘서 미안해"라고 털어놓게 되었다. 의외로 진심 어린 대화가 가능해졌고, 그날 이후 자매 사이는 전보다 더 솔직해졌다.

❸ **친구끼리, '내가 정말 네 친구 맞아?'**

민주(26)와 시연(26)은 중학생 때부터 절친했다. 하지만 성인이 되어 진로 방향이 달라지면서, 은근히 서로를 비교하거나 가볍게 질투하는 마음이 쌓였다. 작은 오해로 시작된 말싸움이 "넌 늘 네 생각만 해!", "너도 내가 힘들 땐 신경도 안 썼잖아!" 같은 날카로운 말로 번진 뒤에야 서로 상대를 '좋은 친구'라고만 믿고 있었지 실제로는 많은 불만을 삼키고 있었다는 걸 깨달았다. 깊은 밤까지 울고 웃으며 솔직한 이야기를 나눈 뒤, 둘은 '진짜 우정'으로 한 단계 더 가까워지는 경험을 했다.

이렇듯 갈등이 극에 달해 '이젠 끝'이라고 여겨질 정도로 치열해졌는데, 정작 그 뒤에 예상 밖의 화해와 더 깊은 친밀감이 찾아오는 경우가 있다. '역설적 친밀감'은 바로 이런 현상을 말한다.

II. 감정의 흐름과 원인 분석
: 왜 갈등이 깊어질수록 더 가까워질까?

❶ 숨겨둔 감정이 '한꺼번에' 노출되면서, 진짜 기저 문제 발견

갈등은 대개 사소한 문제로 시작된다. 하지만 그 이면에는 "내 마음이 외로웠다", "난 늘 뒤치다꺼리만 한다고 느꼈다" 같은 진짜 속마음이 숨어 있곤 한다. 격렬한 다툼은 불꽃처럼 이 모든 감정을 한 번에 분출하게 만든다. 그러다 보면 상대의 절박함이나 나의 결핍을 서로 알게 되어 그간 보지 못했던 '진짜 문제'에 다가갈 수 있다.

❷ **평소 '좋은 사이' 이미지가 깨지며 진실성 획득**

가까운 사이일수록 갈등을 드러내는 걸 꺼리고 '우리는 늘 잘 지낸다'는 이미지를 유지하기 쉽다. 하지만 그런 위장된 평화는 서로의 불만을 꾹꾹 참게 만들어 폭발을 더 위험하게 키운다. 정면으로 부딪히는 과정에서 오히려 "아, 이 사람도 내게 서운했던 게 있구나", "생각보다 나도 답답하게 굴었네"라고 깨닫게 되고, 그 솔직함을 통해 관계가 이전보다 더 진해지기도 한다.

❸ **관계를 지키고 싶은 마음이 확인된다**

격론이 최고조에 달했는데도 결국은 "나는 네가 소중해. 그래서 더 화가 났던 거야" 같은 감정이 나오면, '아, 이 사람도 이 관계를 지키고 싶었구나'를 실감하게 된다. 아이러니하게도 강한 갈등은 서로를 잃고 싶지 않다는 마음이 얼마나 컸는지 드러내고, 세게 싸운 만큼 서로가 애정과 기대를 품고 있었다는 사실이 확인된다.

Ⅲ. 해결 또는 성장의 계기
: 격렬한 갈등 뒤
어떻게 '더 가까워질 수 있는' 길을 찾을까

❶ **일단 '감정 통제'부터 : 1차 감정 배출 & 쿨다운 장치**

갈등이 폭발한 직후, 감정이 극도로 거칠게 올라온 상태에서 계속 대화를 이어가면 더욱 과격해질 수 있다. 이럴 땐 "우리 잠깐 식히고 다시 얘기하자"라는 식으로 30분~1시간 정도 물리적 거리나 시간을 두는 게 좋다. 밖을 잠시 걸으며 심호흡을 하거나 물을 마시는 등 쿨다운 과정을 거치면 갈등이 완전히 파국으로 치닫는 걸 막을 수 있다. 이때 중요한 건 '대화를 피하자'가 아니라 "우리가 정해진 시간 뒤에 다시 이야기한다"는 약속을 전제하는 것이다.

❷ 감정 표현의 '순서' 지키기 : 내 감정부터 분명히 표현한다

싸움 뒤 마주 앉았을 때는 보통 "너 때문에..."라고 상대를 비난하는 말부터 나온다. 그러나 관계 갈등 연구에서는 먼저 "나는 ○○ 때문에 힘들었고 그 순간 이렇게 느꼈어"라고 내 감정을 말하고 그 다음에 상대 이야기를 들어보라고 조언한다. "내가 화가 난 이유는 '내가 늘 혼자라는 느낌 때문'이었어. 너는 어땠어?"라고 묻는 식이다. 이렇게 각자 감정을 먼저 공유하면, 서로를 공격하기보다 '내 마음'을 꺼내놓는 건강한 소통이 가능해진다.

❸ 문제의 초점을 '과거 불만'이 아닌 '미래 관계'로 옮긴다

격렬한 충돌 속에서 과거의 잘못이나 서운함을 끝없이 소환하면, 갈등은 계속 과거에 머물게 된다. 이미 불만을 충분히 털어놓았다면, 이제는 "그럼 앞으로 어떻게 할까?"로 초점을 전환해야 한다. 갈등의 목표는 처벌이 아니라 '관계를 어떻게 개선할 것인가'이기 때문이다. 과거를 되짚는 건 문제를 인식하기 위해서지, 서로 죄책을 가중하기 위한 게 아니다.

❹ 관계를 재정비하는 'Post-Conflict 대화' 잡기

즉흥적인 화해로 끝나면, 그날 갈등의 여파와 상처가 온전히 해소되지 않을 수 있다. 갈등이 잦아들었다 싶을 때, '내일 저녁에 한 시간만 진지하게 대화해 보자'는 식으로 '후속 대화(Post-Conflict Talk)'를 제안해보자. 이 자리에서 "그때 내가 느낀 건 이랬고, 앞으로 우린 이런 점을 조심해보면 좋겠다" 등 갈등에서 나온 교훈을 정리한다. 그렇게 갈등을 단순히 폭발로 끝내지 않고, 관계 수준을 한 단계 높이는 계기로 삼을 수 있다.

IV. 마무리
: 격렬한 싸움 뒤에 우리가 진짜 원하는 건 '함께 있고 싶다'는 마음

가까운 사람들과의 갈등은 폭풍우처럼 무섭게 느껴질 수 있다. 그러나 그 폭풍우가 지나간 뒤, 오히려 푸른 하늘을 더 선명하게 마주하게 될 때가 있다. 치열하게 싸워본 만큼 그 관계가 내게 얼마나 중요한지 깨닫고 서로에게 얼마나 기대와 애정이 깔려 있었는지를 확인하게 된다.

- ⊙ 끝까지 싸워봤더니 의외로 네가 날 아낀다는 걸 알았어.
- ⊙ 내가 왜 그렇게 화를 냈는지 이제야 알았어. 사실 난 겁이 나고, 버려질까 봐 무서웠어.

이런 진심을 주고받는 과정에서, 갈등 전에는 상상도 못 했던 깊은 유대가 생긴다. 그래서 어떤 갈등은 단순한 파국이 아니라 서로의 진짜 목소리를 듣는 전환점이 되기도 한다.

함께 생각해보기 _____

☑ **나는 지금 이 갈등을 끝내고 싶은가, 아니면 이 관계를 지키고 싶은가?**

우리는 싸움 속에서 감정적으로만 반응하지만, 결국 중요한 건 "이 관계를 계속 이어가고 싶은가?" 하는 질문이다. 만약 답이 '그렇다'라면 감정을 조절하고 대화의 방향을 미래로 돌릴 필요가 있다.

☑ **내가 화를 낸 진짜 이유는 무엇인가?**

단순히 상대가 잘못해서 화가 났다고 생각할 수도 있다. 하지만 더 깊이 들여다보면, 그 감정 뒤에는 "나는 이해받고 싶었다", "나는 존중받고 싶었다" 같은 내면의 욕구가 숨어 있을 가능성이 크다. 진짜 원인이 무엇인지 스스로에게 물어보자.

☑ **격렬하게 싸웠다는 건, 사실 서로에게 기대가 크다는 뜻 아닐까?**

우리는 정말 관심 없는 사람에게 화를 내지 않는다. 격한 갈등이 벌어진다는 건, 그만큼 상대에게 기대와 애정이 있기 때문일 수도 있다. 싸운다는 것 자체가 '아직은 포기하지 않았다'는 증거일지도 모른다.

☑ **나는 상대의 말을 진짜로 듣고 있었나?**

갈등이 깊어지면 우리는 듣기보다 반박하려는 태도로 변한다. 하지만 상대의 입장을 충분히 듣고, "그때 너는 어떤 감정을 느꼈어?"라고 물어보는 순간, 대화의 분위기는 완전히 달라질 수 있다.

☑ **나는 감정을 조절할 시간을 충분히 가졌나?**

즉흥적인 감정 폭발은 관계에 상처를 남긴다. 감정이 격해질수록 '일시정지 버튼'을 누를 용기가 필요하다. 잠깐 물러서서 생각하고, 차분해진 후 다시 대화하는 것이 더 나은 해결책일 수 있다.

☑ **갈등을 해결하려 하기보다, 이기려 들지는 않았나?**

싸움에서 이기면 속이 시원할 것 같지만, 결국 관계는 더 멀어질 뿐이다. 감정의 에너지를 '누가 더 옳은가'가 아니라 '어떻게 하면 더 나은 관계를 만들 수 있을까'로 바꿔보자.

☑ **혹시 이 싸움이 우리 관계를 더 깊게 만들 계기가 될 수도 있을까?**

격한 갈등을 경험한 관계는, 해결을 잘하면 이전보다 더 단단해질 수 있다. 오해가 풀리고, 솔직한 감정이 오가면서 서로에 대한 이해가 깊어지기 때문이다. 싸움이 곧 끝이 아니라, 새로운 친밀감의 시작일 수도 있다.

갈등은 누구나 피하고 싶지만, 때때로 가장 강한 유대감을 만들어낸다. 중요한 것은 싸움 자체가 아니라 '이 갈등을 어떻게 마무리하는가'이다. 때론 싸운다는 것 자체가 "우리는 서로에게 여전히 중요한 사람"이라는 증거가 되기도 한다. 갈등을 두려워하기보다 그것을 통해 관계를 더 성숙하게 만들 방법을 찾아보자.

09

착한 아이 콤플렉스, 인정받고 싶은 마음이 만든 감정의 함정

Your emotions determine your life

사람들에게 '좋은 사람'으로 보이고 싶어서, 혹은 누군가에게 미움받지 않으려는 두려움 때문에 자신의 감정을 외면하고 상대에게 무조건 맞춰주는 경우가 있다. 우리는 이를 흔히 "착한 아이 콤플렉스"라고 부른다. 겉으로는 모든 게 괜찮아 보이지만, 사실 그 아래에는 인정받고 싶은 욕구가 깊숙이 숨어 있다. 문제는, 이런 방식으로 주변의 기대를 충족시키다 보면 언젠가 한계점에 부딪히기 쉽다는 것이다.

Ⅰ. 문제 상황(갈등 상황 제시)
: 착한 이미지 뒤에 숨은 내면의 갈등

❶ 회사 생활에서 벌어진 '무조건 예스'의 함정

지영(29)은 상사와 동료가 작은 부탁만 해도 늘 "알겠습니다!"라고 흔쾌히 대답한다. 자연스럽게 자잘한 업무가 모두 지영에게 몰리고 그 때문에 야근과 과로가 일상이 되었다. 정작 주변에서는 "지영 씨는 알아서 척척 잘해!"라고 말할 뿐 지영의 공로나 노고는 제대로 인정하지 않는다. '착한 직원' 이미지를 유지하려는 마음에 '싫다'는 말을 못 했던 지영은 어느 순간 '회사에서 당연히 나에게만 일을 시키고 나는 그저 소모되고 있네'라는 배신감으로 지쳐간다. 사실 지영은 '거절하면 나쁜 사람으로 보이지 않을까?' 하는 불안을 크게 느꼈지만 결과적으로 인정도 못 받고 체력과 마음만 소진되고 있다.

❷ 가족 모임에서 좋은 사람으로만 포장된 나

승준(32)은 가족 모임에서 늘 "제가 할게요"라는 말로 분위기를 맞추곤 한다. 어릴 때부터 착한 아들로 불렸고, 그래서 저녁 준비부터 뒷정리까지 혼자 도맡아 해왔다. 그런데 어느 날 가족들이 각자 할 말만 쏟아내고, 승준의 입장을 전혀 고려하지 않는 장면을 보고 문득 '내가 굳이 이렇게 희생해야 하나?' 하는 생각이 들었다. 좋은 사람 이미지에 사로잡혀 노력했지만 누구도 그의 수고를 알아주지 않을 때 찾아오는 허무함과 상실감은 의외로 컸다.

❸ 친구 관계에서 '항상 착하고 배려 깊은 사람'으로만 소비

주희(27)는 친구들 사이에서 결정적 순간마다 "난 괜찮아. 너희 원하는 대로 하자"고 양보한다. 그러면 친구들은 "주희는 정말 분위기 잘 맞춰주니까 편해"라고 말한다. 문제는 주희가 '내가 하고 싶은 건 뭔가?'를 표현하지 못한 채 혹시라도 이기적이라는 말을 들을까 봐 불안하다는 점이다. 어떤 날은 마음속에선 정말 '이건 내 의견도 내고 싶은데...'라고 생각하다가도 끝내 삼키고 만다. 이렇게 계속 한쪽으로만 맞춰주다 보면, 어느 순간 "왜 나만 희생해야 해!"라는 울분이 폭발할 수도 있다.

위 사례들의 공통점은 인정에 대한 갈망이 크지만 정작 진정한 인정이나 배려는 받지 못하고 계속 스스로를 소모한다는 데 있다. 착한 사람 이미지를 지키려다 보니 정당한 보상도 없고, 결국 자존감마저 상처 입는 악순환에 빠진다.

II. 감정의 흐름과 원인 분석
: 왜 착해야만 한다고 믿는 걸까?

❶ 미움받을까 봐 두려움

"내가 싫다고 하면 사람들이 날 나쁘게 볼 거야"와 같이 사람들에게는 거절 한 번이 큰 갈등으로 이어질 것 같은 공포감이 있다. 그래서 차라리 "좋아요", "괜찮아요"만 반복하면서 갈등을 회피한다.

❷ 칭찬이 곧 나의 가치

어릴 때부터 "너 참 착하구나!"라는 칭찬을 들어왔을수록 '착하다'는 평가가 곧 나의 존재 의미가 된다. 한 번이라도 '넌 왜 이렇게 제멋대로야?'라는 말을 들으면 모든 게 무너져 내릴 것 같은 불안을 느낄 수 있다.

❸ '착하면 상황이 평화롭다'는 학습

집안이나 학교, 직장 등에서 갈등을 피하는 가장 쉬운 방법이 '착한 태도'라고 학습되어온 경우가 많다. 겉으로는 웃고 있지만 속으로는 자신의 감정을 억눌러 표면적 평화를 유지한다.

❹ 인정받고 싶은 욕구

결국 '착하게 굴면 주변에서 나를 필요로 하고, 나를 좋은 사람으로 보겠지'라는 욕구가 깔려 있다. 하지만 진짜 인정은 내가 하고 싶은 걸 솔직히 하면서도 책임을 다할 때 생긴다. 무조건적 '착함'만으로 얻는 인정엔 한계가 따른다.

III. 해결 또는 성장의 계기
: '착함'이 아닌 '온전한 나'로 인정받기 위해

착한 사람 콤플렉스에서 벗어나는 길은 무조건적으로 상냥한 태도를 버리고 단칼에 거절만 하자는 식이 아니다. 내 감정을 돌보면서 관계를 유지할 수 있는 더 건강한 균형점을 찾아야 한다.

❶ 작은 '아니오'부터 시작하기

한 번에 큰 부탁을 거절하면 충돌이 클 수 있으니 우선 사소한 요구부터 거절해본다. 예컨대 "오늘 중으로 이거 좀 해줄래?"라는 말에 "지금 제 일도 많아서 오늘은 힘들 것 같아요"라고 짧게 말해보는 식이다. 대개 상대는 "아, 그래? 알았어" 정도로 반응하고 끝난다. 이는 거절하면 큰일 난다는 공포가 실제와 다를 수 있음을 몸소 경험하게 한다.

❷ 인정 욕구 대신 자기 존중감으로 초점 바꾸기

주변의 "넌 착하구나" 같은 칭찬 대신, 오늘 내가 결정한 일이나 내 기분, 내 삶의 목표에 더 관심을 기울여보자. "나는 오늘 어떤 기분이었고, 무엇을 선택해서 해냈나?"를 기록하는 식이다. 비록 그 선택이 늘 완벽하지 않아도, 내가 내린 결정이라는 점이 자존감을 지탱해준다. 무엇을 하든 내가 진짜 원하는 길을 찾아보는 게 훨씬 중요한 칭찬의 근원이 된다.

❸ "착함으로 얻는 보상 vs 내 욕구 표현으로 얻는 보상" 비교해보기

착한 척하면 주변은 갈등 없이 편할 수 있다. 하지만 나는 계속 소모된다는 단점이 있다. 반면 내 욕구를 말하면 갈등이 조금 생길 수도 있지만 그만큼 내 시간과 마음의 여유를 지킬 수 있다는 장점이 있다. 이 두 측면을 비교해보면 '나도 내 욕구를 표현해야 장기적으로는 더 만족스럽고 관계도 진짜가 된다'는 사실을 깨닫게 된다.

❹ 정말 인정받고 싶다면, 내 목소리도 들려줘야 한다

착한 사람 콤플렉스의 핵심은 '인정에 대한 갈망'이다. 그런데 우리는 '아무것도 힘들지 않아'라고 말하는 사람을 굳이 높이 평가하지 않는다. 오히려 "나도 힘들어", "이건 좀 어려워"라고 솔직히 털어놓는 순간 주변은 비로소 내 진짜 상황을 이해하게 되고 때론 협조나 배려를 얻게 된다. 내 의견을 숨기고 그냥 따라가기만 하면, 정당한 인정도 받기 어렵다. 즉, 내 목소리를 낼 때부터 시작되는 인정이 진짜 의미 있는 인정이다.

Ⅳ. 마무리
: 착하다는 말에 갇히지 말고, '나를 드러내야' 진짜 인정도 가능해진다

착한 사람 콤플렉스는 결국 누군가에게 사랑받고 싶고, 무난한 관계를 유지하고 싶은 마음이 크게 작용한 결과다. 그러나 문제는 내 욕구나 감정을 제대로 말하지 않으면서 사람들이 알아서 나를 높이 평가해주길 바라기도 한다는 데 있다. 현실적으로, 늘 괜찮다고 하는 사람을 굳이 챙겨주거나 인정해주지 않는 경우가 많다.

◎ **나는 왜 이렇게 지치고 허무해졌을까?**

아마도 내가 원하는 걸 말하지 못하면서, '착한 나'를 유지하려고 애썼기 때문이다.

◎ **그럼 내 욕구를 표현하면 이기적으로 보이지 않을까?**

어느 정도 갈등이 생길 수 있지만, 그 과정을 거쳐야 주변도 진짜 내 마음을 알게 되고 존중과 인정이 가능해진다.

'착함'이라는 옷은 편안해 보이지만 때론 나를 옭아매고 행동 반경을 좁힌다. 나 자신을 숨기지 않고 표현하는 용기가 필요한 이유다. 조금이라도 내 목소리를 내보자. "나 힘들어", "이건 별로 내키지 않아"라고 솔직하게 말하는 순간 비로소 주변은 내 사정을 알게 되고 그제야 진짜로 나를 인정해줄 수 있게 된다. 그렇게 감정적 균형과 개인적 성장 두 마리 토끼를 한 번에 잡을 수 있다. '착해야만 한다'는 굴레에서 벗어나 나다운 모습을 찾아가는 과정은 쉽지 않지만 그만큼 의미 있고, 결국 더 건강한 관계로 이어질 것이다.

함께 생각해보기

☑ **나는 왜 항상 '착해야 한다'고 믿고 있는가?**

혹시 어릴 때부터 "착해야 사랑받는다"는 메시지를 반복해서 들어온 것은 아닐까? 좋은 사람으로 보이려다 나를 희생하는 패턴이 무의식적으로 형성된 것은 아닌지 돌아보자.

☑ **착한 이미지가 깨지면 정말 미움받을까?**

단 한 번의 거절이나 의견 표현으로 관계가 완전히 무너진 적이 있었는지 생각해보자. 의외로 상대가 가볍게 받아들였던 경험이 있다면, 그 두려움은 실제보다 더 크게 부풀려진 것일 수 있다.

☑ **나는 '괜찮아'라고 말했지만, 사실 전혀 괜찮지 않았는가?**

최근까지도 스스로를 속이며 무조건 괜찮다고 했던 순간들을 떠올려보자. 그때 내 진짜 감정은 무엇이었는지 적어보면, 나도 모르게 감춰온 욕구가 보일 수도 있다.

☑ **거절하는 연습, 작은 것부터 시작해볼 수 있을까?**

바로 큰 변화를 시도하는 것이 어렵다면, 사소한 부탁부터 거절하는 연습을 해보자. "오늘은 힘들 것 같아"라고 한 마디 했을 때, 상대가 예상보다 쉽게 받아들이는 경험을 하면, '거절=관계 단절'이라는 두려움이 줄어들 것이다.

- ☑ 내가 정말 원하는 인정은 무엇인가?

    다른 사람의 칭찬과 인정이 아니라 내가 내 삶을 주도적으로 이끌고 있다는 실감이 더 중요한 것은 아닐까? 외부의 평가보다 내 선택을 기준으로 삼는 연습이 필요하다.

- ☑ 나는 착한 사람이 아니라, 존중받는 사람이 되고 싶은가?

    단순히 '착하다'는 평가를 받는 것이 목표인지, 아니면 내가 원할 때 '아니오'라고 말할 수 있는 존재로 존중받고 싶은지 고민해보자.

- ☑ 사람들이 나를 '편한 사람'으로 소비하고 있는 것은 아닐까?

    주변에서 내가 항상 들어주고 맞춰주니까 편한 존재로 여기는 건 아닐까? 만약 착한 이미지 때문에 부담스러워진다면 관계의 균형을 재조정할 필요가 있다.

착해야 한다는 강박에서 벗어나면 내 감정을 숨길 필요 없이 자연스럽게 관계를 맺을 수 있다. 인정받고 싶다면 먼저 내 감정을 스스로 존중하는 것이 가장 중요한 출발점이 될 수 있다. '좋은 사람'이 아니라, '온전한 나'로 인정받기 위해, 지금부터라도 조금씩 나의 목소리를 내보는 연습을 시작해보자.

10

이별, 결국
헤어져도 마음은 남는다
―――――― *Your emotions determine your life* ――――――

    이별이라고 하면 흔히 연인과의 결별을 떠올리지만 사실 우리는 살아가면서 수많은 이별을 경험한다. 어릴 적 가장 친했던 친구와 멀어지는 것, 오랫동안 다니던 회사를 떠나는 것, 사랑했던 사람과의 이별, 가족과의 관계가 희미해지는 것, 그리고 가장 가슴 아픈 죽음을 통한 이별까지 모든 것이 이별에 포함된다.
    이별은 꼭 좋아했던 누군가와 멀어지는 것만을 의미하지 않는다. 때로는 나의 한 시절과 작별하는 일, 내가 살아오던 익숙한 환경과 멀어지는 일, 더 이상 존재하지 않는 무언가를 보내주는 일이기도 하다. 우리는 늘 새로운 시작을 향해 나아가지만 그 시작 뒤에는 반드시 어떤 이별이 남아 있다. 그리고 그 이별이 남긴 감정은 우리가 그것을 어떻게 받아들이느냐에 따라 우리의 삶을 다르게 만든다.

이별은 하나의 사건이 아니라 과정이다. 누군가와 관계를 정리했다고 해서 감정까지 정리되는 건 아니다. 어떤 날은 아주 괜찮다가도 문득 스치는 향기 하나에 우리가 함께 듣던 음악 한 소절에 그때의 기억이 파도처럼 밀려온다. 그런데 가만히 들여다보면 내가 진짜 그리운 건 그 사람이 아닐 수도 있다. 그 시절의 내 모습, 사랑받던 나, 그때의 분위기와 감정 자체가 남아 있을 뿐이다. 그때의 '우리'는 사라졌지만, 그 시절의 '나'는 내 안 어딘가에 여전히 존재한다. 그래서 이별은 단순한 '헤어짐'이 아니라, 그 시절의 나와도 작별하는 과정일지 모른다.

I. 문제 상황(갈등 상황 제시)
: 끝났지만, 끝난 것 같지 않은 순간들

❶ 헤어진 연인의 흔적, '그때의 나'를 마주할 때

소연(29)은 몇 년 전 헤어진 사람과 자주 가던 카페 앞을 지나가다 멈춰섰다. 한동안 잊고 지냈다고 생각했는데, 카페 창가 자리에 앉아있는 낯선 연인을 보고 순간적으로 '그때의 우리'가 떠올랐다. 그 자리에서 나눴던 대화, 눈빛, 함께 마셨던 커피 맛까지도 기억이 생생하게 남아 있다. "나는 아직도 그를 좋아하는 걸까?" 하지만 곧 깨닫는다. 그 사람이 그리운 게 아니라, 그때의 내가 그리운 것일 수도 있다는 걸.

❷ SNS에 뜬 옛 연인의 소식, 왠지 모를 감정이 올라올 때

재훈(32)은 전 여자친구의 SNS를 몇 년째 보지 않았다. 그런데 알고리즘이 우연히 그녀의 결혼 소식을 띄웠다. 그는 이미 마음 정리를 했다고 생각했지만, 순간 가슴이 철렁했다. "이제 진짜 끝났구나." 미련이 있는 건 아니다. 다시 돌아가고 싶은 것도 아니다. 그런데도 묘하게 감정이 흔들린다. 이건 단순한 그 사람의 문제라기보다 '그 시절의 내 연애, 내 감정, 내 삶의 일부가 완전히 과거가 되었다'는 걸 실감하는 순간이기 때문이다.

❸ 친구와의 절교, 가끔 떠오르는 순간들

민지(30)는 사회생활을 하고 처음 사귀었던, 절친했던 친구와 싸운 후 연락을 끊었다. 처음엔 자존심이 상해 먼저 연락할 생각조차 없었지만, 문득문득 퇴근길 시시콜콜한 이야기를 전화로 나누고 싶어질 때가 있다. "아.이젠 우린 완전히 남이 됐지?"라고 스스로에게 되뇌지만 때때로 떠오르는 건 미운 감정이 아니라 "그래도 우리 참 즐거웠는데…" 하는 아쉬움이다. 다시 연락을 할 마음은 없지만, 어쩌면 멀어진 그 친구도 이렇게 생각하고 있지 않을까? 이처럼 이별은 공식적으로 끝났어도, 감정은 순간순간 다시 살아나는 법이다.

❹ **영원히 다시 볼 수 없는 사람과의 작별, 죽음**

혜수(33)는 어린 시절 자신을 가장 잘 이해해 주던 할머니를 떠나보냈다. 그로부터 몇 년이 흘렀지만, 가끔 꿈에서 할머니가 꿈에 나올 때면 아침에 눈을 뜨고도 한참 동안 마음이 이상하다. '보고 싶다'고 말할 수도, '잘 지내냐'고 물어볼 수도 없는 사람. 더 이상 연락할 수도 없다는 사실이 진짜 이별이구나 싶어 그리움은 더 깊어진다. 이별은 단순히 한 관계가 끝나는 것이 아니라, 나와 연결된 시간과 감정이 남아 있는 일이다. 우리는 떠나간 사람뿐만 아니라 그 시간 속에서의 나 자신과도 이별한다.

II. 감정의 흐름과 원인 분석
: 왜 이별 후에도 감정이 남아 있을까?

❶ **습관처럼 남아 있는 '그때의 나'**

함께했던 시간이 길수록, 우리는 상대를 기억하는 게 아니라 그때의 나 자신을 기억한다. "그때 내가 사랑받고 있었지", "그때 난 정말 행복했어" 하며 떠오르는 건 그 사람뿐 아니라 그 시절의 내 감정과 경험이기도 하다. 이별은 과거의 '나'와 작별하는 과정이기도 하기 때문에 내가 한때 가장 가까웠던 사람, 가장 열정을 쏟았던 일, 가장 익숙했던 환경이 사라지면 단순히 '그것'이 그리운 게 아니라, 그때의 나 자신을 잃어버린 듯한 느낌이 든다. 그래서 우리는 "아직도 미련이 남았나?" 하고 헷갈린다. 하지만 사실은 그때의 나와 감정적으로 연결되어 있었기 때문에 쉽게 잊히지 않는 것일 뿐이다.

❷ 기억의 미화 효과
: 아픈 순간보다 행복했던 순간이 더 오래 남는다

헤어질 때는 힘들었는데, 시간이 지나면서 "그래도 참 좋았었지..." 하는 기억만 강렬하게 떠오른다. 뇌는 생존 본능 때문에 부정적 감정보다 긍정적인 기억을 더 오래 간직하려는 습성이 있다. 그래서 이별의 아픔은 시간이 갈수록 옅어지고, 반대로 그때 좋았던 순간은 더 빛나 보이게 된다.

❸ 이별 후의 공허함이 '그리움'으로 착각될 수 있다

막 이별했을 때, 하루 일과가 비어 있는 느낌이 든다. 함께 있던 시간, 메시지를 주고받던 시간, 같이 하던 작은 루틴들이 사라졌을 때 우리는 그 공백을 "그 사람이 필요해서야"라고 착각한다. 하지만 사실은 내 일상이 바뀐 것에 적응하지 못한 공허함일 가능성이 크다.

❹ 이별을 부정적으로만 해석하면 감정에서 벗어나기 어렵다

이별을 실패나 끝, 잘못된 선택이라고만 받아들이면 그 감정에 사로잡혀 과거에 머물게 된다. 그러나 어떤 이별은 서로를 위한 최선이었고 어떤 이별은 성장을 위해 반드시 필요한 과정이었을 수도 있다. 이별 자체가 '과거를 버리는 것'이 아니라, '과거를 품고 새로운 길을 가는 것'이라고 보면, 감정이 좀 더 부드러워진다.

III. 해결 또는 성장의 계기
: 이별 후의 감정을 어떻게 받아들이고 다룰까?

❶ 감정을 밀어내지 말고 인정하기

"왜 아직도 이 생각을 하지?" 하고 억누르면 오히려 더 떠오른다. 떠오를 때마다 "그래, 우린 그때 그랬지. 그 순간은 진짜였어" 하고 인정하면, 오히려 감정이 자연스럽게 흘러간다. 억지로 지우려 하면 더 강해진다. 받아들이고 인정할 때, 오히려 더 편해진다. 과거를 억지로 지우려 애쓰는 대신, 내 삶을 채울 새로운 무언가를 찾아야 한다.

❷ '그때의 나'와 다시 연결되기

⊙ 그때 내가 사랑받고 싶었던 감정은 지금도 유효한가?
⊙ 그 시절 내가 좋았던 모습은, 지금의 나에게도 있을까?

만약 그렇다면, 꼭 그 사람을 통해서가 아니라 지금 내 삶에서도 내가 나를 충족시킬 방법을 찾아볼 수 있다. 이 감정이 정말 그 사람을 향한 것인지, 아니면 그때 내 감정을 향한 것인지 분리해서 생각해 보자. 이걸 구별할 수 있으면 "이제는 그냥 추억으로 남겨도 괜찮아"라는 결론에 이를 수 있다.

❸ '지금 여기'에 초점 맞추기: 현재를 더 단단히 채우기

과거를 반복적으로 떠올릴수록, 현재를 살지 못하게 된다. 공허한 감정이 올라올 때마다, 지금 내가 할 수 있는 가장 즐겁고 의미 있는 일을 찾아보자. 그때 내 감정을 잘 돌보고, 새로운 관계, 새로운 취미, 새로운 목표를 만들어 가면서 현재를 채우는 과정이 필요하다. 과거를 추억하는 건 좋지만, 현재 나를 위한 선택이 무엇인지 생각해볼 필요가 있다. 작은 변화라도 내 현재를 단단하게 만들면, 과거의 기억이 차지하는 공간이 점차 줄어든다.

❹ '이별도 하나의 과정'임을 받아들이기

이별을 단순한 끝이 아니라, 내 삶의 한 챕터가 지나갔다고 생각하면, 후회와 미련에서 벗어날 수 있다. 나를 성장시킨 관계였다는 점을 받아들이면, 이별이 '아픔'만이 아니라 '한 단계 성숙해지는 경험'이 될 수도 있다.

Ⅳ. 마무리
: 이별 후에도, 내 감정은 계속된다
　그걸 받아들이는 것이 중요하다

헤어졌다고 해서 그 관계에서 느꼈던 감정과 순간들이 무효가 되는 건 아니다. 우리는 그 시절을 살아냈고, 사랑했고, 그 시간 속에서 우리가 경험한 감정들은 진짜였다. 하지만 그 감정에 사로잡혀 현재를 잃어버리지 않는 것이 중요하다. 과거는 인정하되 현재를 충실하게 살 때 이별도 하나의 과정이 되고 나를 더 단단하게 만든다. 이별 후에도 남아 있는 감정들은 단순히 미련이 아니라 내 삶의 일부다. 하지만 그 감정을 품은 채 앞으로 나아가는 것이 결국 내가 더 성장할 수 있는 길이다.

함께 생각해보기

- ☑ **나는 정말 그 사람이 그리운 걸까, 아니면 그때의 나를 그리워하는 걸까?**

    그 사람과의 추억이 떠오를 때, 내가 가장 그리운 건 무엇인지 생각해 보자. 혹시 그때 사랑받던 나, 행복했던 순간, 또는 젊고 뜨거웠던 내 모습이 아닐까? 그렇다면 그 감정을 다른 방식으로 채울 수 있는 방법을 찾아볼 수 있다.

- ☑ **이별을 실패로 받아들이고 있지는 않은가?**

    관계의 끝이 곧 실패는 아니다. 함께한 시간 동안 내가 배운 것, 성장한 부분, 남아 있는 소중한 기억을 떠올려 보자. 이별은 끝이 아니라 새로운 길로 가기 위한 과정일 수도 있다.

- ☑ **이별 후에도 내 감정은 유효하다. 나는 이 감정을 어떻게 다루고 있나?**

    억지로 지우려 하거나 외면하고 있지는 않은가? 감정은 밀어낼수록 더 커진다. 때론 그리움을 인정하고 충분히 느끼는 것이 오히려 감정을 더 가볍게 만드는 길이 될 수도 있다.

- ☑ **이별 후의 공허함을 어떻게 채울 것인가?**

    빈자리만 바라보다 보면 과거에 머물러 있게 된다. 이제는 나를 위한 새로운 루틴, 새로운 경험, 새로운 감정을 찾아볼 때다. 이별이 나를 멈추게 하는 것이 아니라 더 나은 나로 가는 계기가 될 수 있도록.

☑ **이별을 받아들이는 방식이, 앞으로의 내 관계에도 영향을 미치지 않을까?**

이별을 '상처'로만 남긴다면, 새로운 관계를 시작할 때도 불안과 두려움이 남을 수 있다. 하지만 이별을 '과거의 나와 작별하는 과정'으로 이해하면, 앞으로의 관계에서도 더 건강하게 나를 지킬 수 있을 것이다.

☑ **지금 내가 채워야 할 감정은 무엇인가?**

이별 후에도 삶은 계속된다. 내가 지금 느끼고 싶은 감정은 무엇인가? 더 자유롭고 싶나, 더 단단해지고 싶나, 아니면 새로운 사랑을 준비하고 싶나? 이별이 남긴 빈 공간을 어떤 감정으로 채울지 스스로 결정해보자.

이별은 사람과의 작별인 동시에 과거의 나와의 작별이기도 하다. 그 과정을 잘 받아들이면, 이별 후에도 나는 계속 성장할 수 있다. 과거를 품되 앞으로 나아갈 나를 위해 지금 할 수 있는 가장 좋은 선택을 해보자.

11

솔직함과 무례함 사이, 감정 표현의 딜레마

Your emotions determine your life

"난 그냥 솔직했을 뿐이야."

누군가에게 상처를 준 뒤, 이렇게 말하며 책임을 회피하는 사람들을 본 적이 있을 것이다. 솔직함과 무례함의 경계는 생각보다 모호하다. 어떤 사람은 "솔직해야 진짜 관계지"라고 말하지만, 그 솔직함이 상처가 되는 순간도 있다.

반대로, 너무 신중하게 말하려다 보니 정작 '진짜 감정'을 표현하지 못해 답답해지는 경우도 있다. 그래서 우리는 가끔 "어디까지가 솔직함이고, 어디부터가 무례일까?" 하는 딜레마에 빠진다. 감정을 숨기지 않고 표현하면서도, 상대를 존중하는 방법은 무엇일까? 그리고 우리는 상대의 솔직함을 어디까지 받아들여야 할까?

Ⅰ. 문제 상황(갈등 상황 제시)
: 솔직함이 관계를 망칠 때

❶ 친구에게 던진 직설, "그게 왜 기분 나빠?"

지연(29)은 친구 혜미(29)가 새로 산 원피스를 보여주며 설레는 표정을 짓자, 무심코 말했다. "어? 너한테는 이 스타일 안 어울리는 것 같은데?" 혜미의 표정이 굳었고, 지연은 당황하며 덧붙였다. "아니야, 나 그냥 솔직한 거야. 친하니까 얘기해주는 거지."
혜미는 억지로 웃었지만, 속으로는 불편했다. 정말 솔직해서 한 말이었을까? 아니면 굳이 하지 않아도 될 말이었을까?

❷ "난 솔직한 게 좋아"라며 연인의 감정을 무시하는 태도

준호(34)는 여자친구 수진(32)과의 대화에서 종종 이런 말을 한다. "난 원래 생각하는 거 바로 말하는 스타일이야. 너 기분 나빠도 어쩔 수 없어." 가령, 수진이 힘들다고 토로할 때, 준호는 "그건 네가 유난 떠는 거지"라며 "난 그냥 솔직하게 얘기한 거야. 거짓말하는 것보다 낫잖아? 다 너를 위한 거야"라고 말한다. 그런데 어느 순간, 수진은 준호 앞에서 자신의 감정을 말하는 게 두려워졌다. 준호는 솔직함을 명분 삼아 상대의 감정을 존중하지 않는 태도를 정당화하고 있었다.

❸ 직장에서 솔직함이 독이 되는 순간

민수(37)는 팀장 앞에서 거침없이 자신의 의견을 말하는 편이다.

회의 중 팀장의 의견에 바로 반박했다. "솔직히 이 방법은 너무 비효율적인 것 같은데요?" 말이 끝나기 무섭게 분위기가 싸해졌고, 팀장은 표정이 굳었다. 민수는 뒤늦게 '이게 왜 문제가 되지? 난 솔직했을 뿐인데'라고 생각했다. 하지만 사실 솔직함이 중요하다는 걸 알면서도 모두가 그걸 조심스럽게 표현하려 하는 이유가 있었다. 이처럼 솔직함이 지나치면 그것은 소통이 아니라 공격이 될 수 있다. 반대로 너무 신중하려다 보면 진심을 말하지 못하고 오해가 쌓인다. 어디까지가 솔직함이고, 어디부터가 무례일까?

II. 감정의 흐름과 원인 분석
: 솔직함이 무기가 될 때

❶ 솔직함을 가장한 감정 배출

누군가는 "나는 솔직한 사람이야"라고 말하지만, 사실은 자기 감정을 그대로 배출하는 것에 불과할 때가 있다. 솔직함이 중요한 게 아니라 상대가 내 말을 어떻게 받아들일지를 고려하는 과정이 빠졌을 때, 솔직함은 단순한 감정의 배설이 된다.

❷ 무례함을 솔직함으로 포장하는 경우

"난 그냥 있는 그대로 말한 거야"라고 하지만 상대를 존중하는 마음 없이 던진 말이라면, 그건 솔직함이 아니라 배려 없는 직설일 뿐이다. 아무리 진실이라 해도, 표현 방식에 따라 사람을 상처 입히거나 존중받는 기분을 주게 된다.

❸ **진짜 솔직함이란, 상대를 불편하게 하는 것이 아니다**

정말로 솔직한 사람은 상대의 기분을 고려하지 않는 사람이 아니라 진심을 전하면서도 상대가 그걸 받아들일 수 있도록 말하는 사람이다. 말하는 방식이 공격적으로 변하는 순간 상대는 그 메시지를 받아들이는 게 아니라 방어하게 된다. 결국 대화가 아니라 일방적인 상처 주기가 된다.

III. 해결 또는 성장의 계기
: 솔직함과 무례함을 구별하는 방법

솔직함은 중요하지만, 상대를 무너뜨리는 방식이 되어선 안 된다. 진짜 솔직한 대화는 내 감정을 표현하면서도, 상대가 그것을 이해할 수 있도록 전하는 것이다.

❶ **감정을 '팩트'와 '느낌'으로 나눠서 말하기**

◇ **무례한 솔직함의 예시**
"넌 원래 일머리가 없잖아." → 듣는 사람은 즉시 방어적으로 반응한다.

⊙ **더 건강한 솔직함**
"이 작업 방식이 조금 비효율적이라고 느꼈어. 다른 방법도 생각해 볼 수 있을까?"

⊙ **효과**
같은 의견이라도 상대의 문제점이 아니라 내가 느낀 점을 전달하면 대화가 공격이 아닌 의견 교환이 된다.

❷ **"솔직한 말이 필요할 때"와 "지금은 참아야 할 때" 구별하기**

　⊙ **바로 말해야 하는 경우**
　　- 상대가 내게 상처를 주었을 때
　　- 오해가 생겼을 때
　　- 중요한 결정을 앞두고 있을 때

　⊙ **굳이 말하지 않아도 되는 경우**
　　- 내 말이 상대를 바꾸지 않을 게 확실할 때
　　- 그 순간 말해봤자 관계가 악화될 때
　　- 감정적으로 흥분해서 말하게 될 때

　⊙ **현실적 적용**
　"지금 내가 하려는 이 말이 문제를 해결하기 위한 것인가? 아니면 단순히 내 감정을 쏟아내려는 것인가?" 한 번 생각하고, 만약 지금 필요하지 않다면 시간을 두고 말해도 늦지 않다.

❸ '이 말을 듣는 상대의 입장'을 5초간 생각해보기

말을 내뱉기 전에 5초만 상대의 입장에서 생각해 본다. "내가 지금 하려는 말을 저 사람이 들었을 때, 어떤 기분이 들까?" 하고 생각하는 그 5초의 여유가 솔직함과 무례함 사이의 경계를 지켜주는 안전장치가 된다.

❹ 솔직함이 필요한 관계라면, '어떤 방식으로 말할지' 고민하기

정말 중요한 관계일수록, 솔직하게 말하는 게 중요하다. 하지만 상대가 받아들일 수 있는 방식을 고려해야 한다.

  ⊙ 현실적인 예
  "나는 너랑 솔직한 관계를 유지하고 싶어. 그런데 내 말이 상처가 될까 봐 걱정돼. 네가 어떤 방식으로 얘기해주면 좋을지 알려줄 수 있어?"

  ⊙ 효과
  솔직한 대화를 할 수 있는 안전한 분위기를 만들고, 상대도 방어적이 되지 않는다.

Ⅳ. 마무리
: 솔직함은 관계를 망칠 수도,
　더 깊게 만들 수도 있다

솔직해야 관계가 깊어진다고 하지만 "무조건 솔직하게 말하는 게 중요해"라는 태도는 때때로 관계를 무너뜨리기도 한다. 진짜 솔직한 사람은, 자신의 감정을 표현하면서도 상대가 그것을 받아들일 수 있도록 배려하는 사람이다. "솔직해야지"라고 하지만 그것이 상대를 불편하게 만들기 위한 솔직함이 아니라, 진짜 관계를 위한 솔직함이어야 한다. 솔직함과 무례함은 한 끗 차이다. 그 한 끗 차이를 구분할 줄 알게 되면, 우리는 더 건강한 관계를 만들어갈 수 있다.

함께 생각해보기

☑ **나는 솔직함을 핑계로 감정을 그대로 배출하고 있진 않은가?**

솔직함은 중요하지만, 단순히 내 감정을 터뜨리는 것이 아니라 상대가 받아들일 수 있는 방식으로 전달해야 한다. 내 말이 진짜 솔직함인지, 아니면 감정을 배설하는 것인지 구별해 보자.

☑ **상대의 입장에서 이 말을 들었을 때, 어떤 기분일까?**

솔직한 말이 필요할 때, 5초만 상대의 입장에서 생각해 보자. 단순한 말 한마디가 상대에겐 '존중받지 못했다'는 감정으로 남을 수도 있다.

☑ **내 솔직함이 상대를 위한 것인가, 나를 위한 것인가?**

진짜 솔직한 사람은, 자신의 감정을 표현하면서도 상대가 그것을 이해할 수 있도록 조절할 줄 안다. 내 솔직함이 관계를 더 나아지게 하는 것인지, 단순히 내 감정 해소를 위한 것인지 돌아볼 필요가 있다.

☑ **이 말을 꼭 지금 해야 할까?**

솔직해야 하는 순간과 잠시 참아야 하는 순간이 있다. 내 말이 문제 해결을 위한 것인지, 아니면 그저 순간의 감정 때문인지 한 번 더 생각해 보자.

☑ **나는 상대방이 솔직하게 말할 수 있는 분위기를 만들어주고 있는가?**

솔직한 대화는 일방적인 것이 아니다. 나도 상대의 솔직함을 받아들일 준비가 되어 있는지, 상대가 내 앞에서 편하게 자신의 감정을 이야기할 수 있는지 점검해 보자.

☑ 솔직함과 무례함은 한 끗 차이다.
진짜 솔직한 대화는 상대를 무너뜨리는 것이 아니라, 관계를 더 건강하게 만든다. 내 솔직함이 상대에게 상처를 주고 있다면, 그건 솔직함이 아니라 배려 없는 직설일지도 모른다.

솔직함은 관계를 망칠 수도 있고, 더 깊게 만들 수도 있다. 내 감정을 숨기지 않으면서도 상대를 배려하는 방법을 고민할 때, 우리는 더 건강한 관계를 만들 수 있다.

내 생각 정리해보기

Part 5

해결되지 않은 채로,
괜찮은

감정은 반드시 매듭지어야 하는 것이 아니라
당신 삶 속에서 자연스레 스며들어 하나의 일부가 되는 것이다.

01

우리가 찾던 건
'해결책'이 아니었다

─────── *Your emotions determine your life* ───────

　우리는 이제야 겨우 알게 됐다. 이 모든 감정의 소용돌이와 지독한 혼란이 우리에게 가르쳐주고자 했던 것은, 결국 '해결책'이 아니라는 사실을 말이다. 지난 여정 동안 우리는 줄곧 명확한 답을 찾기 위해 애썼다. 슬픔을 벗어나기 위한 공식이나, 불안을 없앨 수 있는 확실한 처방 같은 것 말이다. 하지만 우리가 정말 필요했던 건 그런 완벽한 해결책이 아니었다.

　사실 처음부터 우리의 감정은 해결해야 하는 대상이 아니었다. 감정은 마치 손님과 같았다. 손님을 초대해놓고 무작정 내보내려 안간힘을 쓰면, 불편한 기운은 더 커지기 마련이다. 오히려 천천히 대화를 나누며 "네가 왜 여기에 왔는지, 내게 무슨 이야기를 하고 싶은 건지" 물어볼 때, 비로소 그 손님은 편안히 쉬었다 떠난다. 우리의 감정도 그랬다. 우리는 감정이라는 불청객과 싸우기 위해 너무 많은 에너지를 써버린 건 아닐까?

돌아보면 우리는 1장에서 감정을 제대로 마주하기보다 외면하거나 억누르는 습관이 있었음을 인정했다. 2장에선 그 감정들 뒤에 숨겨진 과거의 흔적을 발견했고, 3장에서는 미처 깨닫지 못했던 감정들이 어떤 신호를 보내고 있었는지를 알게 되었다. 그리고 4장에서는 자신과의 솔직한 대화, 그 감정을 있는 그대로 느끼는 법을 배웠다.

그렇다면 이 여정의 끝에서 우리에게 남은 진짜 질문은 하나뿐이다.

"우리는 왜 감정을 자꾸 해결해야 한다고 믿었던 걸까?"

우리가 애초에 감정을 다루려 했던 건 어쩌면 감정이 주는 불편함이 두려웠기 때문일지도 모른다. 행복과 기쁨 같은 감정만이 내 안에 존재할 가치가 있다고 믿었기에, 슬픔이나 불안 같은 감정은 서둘러 정리하고 싶었던 게 아닐까? 그러나 삶은 완벽한 날씨만 있는 여행이 아니다. 때론 비도 내리고 폭풍도 온다. 진짜 여행자는 모든 날씨를 받아들이고, 그것이 지나갈 때까지 기다릴 줄 아는 사람이다.

어쩌면 우리가 진짜로 얻어야 할 건 해결법이 아니라 머무는 법일지도 모른다. 불편한 감정과도 편안히 함께 앉아 차를 마시듯 그것이 전해주는 메시지에 귀 기울이며 온전히 나 자신으로 머무는 것이다. 그렇게 머물 때, 비로소 우리는 더 이상 감정의 포로가 아닌 진정한 주인이 될 수 있다.

그러니 이제부터 우리는 감정을 고치거나 극복하려고 애쓰지 않아도 된다. 그저 조용히 마주하고, 천천히 이해하며, 때로는 받아들일 수 없는 부분마저 있는 그대로 인정하면 된다. 그것이 우리가 긴 여정 끝에 비로소 마주한, 가장 현실적이고도 따뜻한 진실이다.

02

'진짜 감정'과 마주하는 용기
―――――― *Your emotions determine your life* ――――――

우울과 외로움이 밀려올 때마다 나는 필사적으로 나를 더 바쁘게 만들곤 했다. 더 많은 일을 하고, 사람들을 만나고, 취미 생활에 몰두하며 내가 느끼는 감정을 회피했다. 그렇게 하면 마주하기 두려운 감정들이 희미해질 것이라 믿었다. 그러나 아무리 바쁘게 살고 노력해도 내가 원하지 않았던 감정들은 계속 찾아왔고, 오히려 나를 더욱 힘겹게 괴롭혔다.

어느 날 밤, 집으로 돌아오는 길에 우연히 20대 때 살던 오래된 동네를 지나게 되었다. 아무도 없는 그 골목길에서 문득, 아주 오래된 기억 하나가 선명히 떠올랐다. 아버지가 떠났던 날이었다. 그 기억은 여전히 날카롭고 아팠다. 그러나 이상하게도 그날 밤 나는 달아나지 않았다. 오히려 천천히 걷고 있었다. 마치 그 오랜 기억을 다시 한번 제대로 바라보고자 하는 듯이. 골목 끝에 다다랐을 때, 나는 내가 느끼고 있는 감정이 단지 슬픔이나 아픔만은 아니라는 걸 깨달았다. 그것은 오히려 내 자신에게 보내는 신호였다. 도망치지 말라고, 자신을 버리지 말라고 말하는. 그 순간 비로소 이해했다. 내가 오랫동안 피해왔던 것은 슬픔이 아니라 바로 자기 자신이었다는 것을. 그리고 이제 나는 아주 조용히, 아주 담담히, 그 감정과 마주했다.

생각해보면 아버지가 떠난 이후 나는 줄곧 두려웠다. 사람들이 떠나는 것에 대한 두려움, 혼자가 되는 것에 대한 두려움, 결국은 나조차 나를 버릴지도 모른다는 두려움이 나를 사로잡았다. 그래서 나는 사람들에게 더 매달렸고, 인정받기 위해 나를 과도하게 몰아붙였다. 타인의 시선에 맞추어 살아가며, 내 진짜 감정을 애써 외면했다. 그러다 결국 나는 점점 지쳐갔고, 이유 모를 공허함에 시달렸다.

그날 밤 골목길에서 마주했던 그 감정은 단지 과거의 기억에 갇힌 슬픔만이 아니었다. 그것은 내가 진짜 나를 찾기 위해 넘어서야 할 벽이었고, 동시에 내가 나 자신과 화해할 수 있는 열쇠였다. 나는 그날 이후로 서서히 변화하기 시작했다. 슬픔과 외로움을 내 삶의 일부분으로 받아들이기로 마음먹었다. 이제는 그것들을 없애거나 회피하려 하지 않고 그저 바라보기 시작했다. 처음엔 낯설고 불편했지만 점차 그것들이 나에게 말해주는 것을 들을 수 있게 되었다.

 그렇게 천천히 걸으며 진짜 감정과 마주하는 법을 배웠다. 이제 나는 안다. 우리가 회피하는 그 감정이 바로 우리가 진정으로 원하는 삶과 연결되어 있다는 것을. 두렵고 불편한 감정일수록 더 가까이 다가가야 한다는 것을 말이다. 그렇게 해야만, 비로소 우리는 진정한 의미에서 자신과 마주할 수 있게 된다.

03

우리가 한 번쯤
자신에게 던져봐야 할 질문

―――――― *Your emotions determine your life* ――――――

밤 늦게 까지 잠 못 이루고 뒤척였던 날, 특별히 문제가 있는 건 아닌데 이상하게 마음이 공허하고 쓸쓸했던 날 말이다. 어디서부터 그런 기분이 시작된 건지 알 수 없어서, 당신은 스스로에게 조심스럽게 물었을지도 모른다.

"나는 지금 제대로 살고 있는 걸까?"
"내가 선택한 이 삶이 진짜 내가 원했던 걸까?"

어쩌면 이 질문은 그렇게 무겁지 않을지도 모른다. 아주 사소한, 스스로에게 보내는 짧은 인사 같은 것일지도 모르니까. 당신은 어쩌면 그동안 너무 오랫동안 타인의 기대에 맞추며 살아왔는지도 모른다. 남들이 괜찮다고 하니까 당신도 괜찮다고 믿고, '다들 이렇게 살아'라는 말로 진짜 당신의 감정을 덮어두었을지도 모른다. 하지만 이제는 조금 다른 질문을 던져볼 때가 된 것 같다.

"내가 진짜 원하는 게 뭐였지?"

이 질문은 삶을 송두리째 바꾸라고 강요하는 게 아니다. 그저 당신이 얼마나 오랫동안 자신에게 무심했는지 잠시 돌아보자는 거다. 감정은 때로 당신을 괴롭게 만들기도 하지만, 사실은 삶을 더 깊이 있고 풍성하게 만들어주는 열쇠이기도 하니까. 지금 느끼는 그 공허함과 불안감은 어쩌면 당신이 더 진실된 자신으로 돌아가라는 아주 조용한 신호일지도 모른다.

나는 오랫동안 많은 사람들을 만나며 감정에 대해 이야기를 나누었다. 그 과정에서 깨달은 사실이 하나 있다면 많은 사람들이 자신의 진짜 감정이 무엇인지 제대로 알지 못하고 있다는 점이었다. 진짜 원하는 삶이 무엇인지, 정말 원하는 감정이 무엇인지 스스로에게 물어보는 일을 피한 채 살아가고 있었다.

그러니 오늘 하루쯤은 당신의 마음에 솔직하게 물어봐도 괜찮지 않을까. 아래의 질문들을 통해 스스로를 마주하는 연습을 시작해보면 어떨까? 이 질문들이 당신의 인생을 단번에 바꾸진 못하겠지만, 적어도 한 달에 한 번쯤은 삶의 방향을 점검하고, 일주일에 한 번쯤은 당신 내면의 목소리에 귀 기울이는 시간을 만들어 줄 것이다.

질문 12가지 _____

- ☑ 요즘 내가 계속 미루고 있는 감정은 무엇인가?
- ☑ 타인의 기대를 걷어내고 바라보면, 나는 어떤 삶을 살고 싶은 걸까?
- ☑ 내 삶에서 정말 중요한 건 무엇이고, 지금 나는 그걸 챙기고 있는가?
- ☑ 마음이 답답하고 힘들 때 나는 어떻게 그 감정을 다루고 있지?
- ☑ 나에게 위로가 필요한 순간, 나는 충분히 스스로를 돌보고 있는가?
- ☑ 내가 두려워서 자꾸만 피해왔던 감정은 무엇일까?
- ☑ 나는 지금 행복한 척하고 있는 건 아닌가?
- ☑ 다른 사람들 앞에서 나는 얼마나 나 자신답게 행동하고 있을까?
- ☑ 지금의 불안과 공허함이 나에게 진짜로 말하고 싶은 것은 무엇일까?
- ☑ 내가 느끼는 감정들을 주변 사람들에게 솔직히 표현하고 있나?
- ☑ 내 감정에 솔직해지기 위해 오늘부터 당장 내가 할 수 있는 한 가지는 무엇일까?
- ☑ 나는 마지막으로 언제 진심으로 나 자신을 인정해 줬던가?

이 질문들에 대한 답을 당장 모두 찾을 필요는 없다. 하지만 이 질문들을 가까이 두고 반복해서 스스로에게 던지다 보면, 언젠가 당신은 당신의 삶을 움직이고 있는 진짜 감정과 만나게 될 것이다.

04

당신의 감정은
이미 답을 알고 있다
Your emotions determine your life

 당신은 지금까지 많은 감정을 만났고 그 감정과 마주하며 스스로에 대한 이해를 넓혀 왔다. 하지만 이제 중요한 것은 과거의 감정에 머무르는 것이 아니라 앞으로의 당신을 위해 그 경험들을 어떻게 활용할지 생각하는 것이다. 감정이 주는 신호를 이해하는 법을 알게 되었으니 이제는 그 신호를 통해 당신의 내일을 준비할 때다.

 감정이 흔들리고 삶이 혼란스럽게 느껴질 때마다 이 책을 다시 펴보길 바란다. 책을 처음 읽었을 때와 지금 느끼는 것이 어떻게 다른지, 혹은 같은 감정이어도 어떤 부분에서 변화가 있었는지를 생각해보면 좋겠다. 그 과정에서 당신은 감정이 두렵고 피하고 싶은 대상이 아니라, 당신이 누구인지 알려주는 소중한 신호임을 다시 한번 깨닫게 될 것이다.

　미래는 아직 오지 않은 수많은 가능성으로 가득하다. 불확실함은 두려움이 아니라 기회이며, 당신의 감정은 그 미래를 살아가는 데 꼭 필요한 나침반이 될 것이다. 당신은 이미 감정을 다루는 법을 배웠고, 감정과의 대화가 삶을 풍요롭게 만든다는 사실도 깨달았다. 이제 필요한 것은 그 깨달음을 일상 속 작은 선택으로 바꾸는 용기다.

　삶에서 중요한 변화는 언제나 작고 사소한 선택에서부터 시작된다. 그러니 앞으로 당신이 마주할 다양한 감정들을 회피하거나 밀어내지 말고, 그 안에서 더욱 깊은 자기 자신을 발견하고 이해하는 기회로 삼았으면 한다. 이 책을 덮는 지금 이 순간부터, 한 달에 한 번은 물론이고 가능하다면 일주일에 한 번이라도 당신 자신을 돌아보는 소중한 시간을 가지길 바란다. 그렇게 할 때 비로소 당신의 삶은 진정으로 당신의 것이 될 것이다.

05

결국 중요한 것은
당신의 감정이었다
Your emotions determine your life

우리는 늘 더 나은 답을 찾으려고 애쓰지만 삶에 완벽한 정답 같은 건 처음부터 없었는지도 모른다. 사실 우리에게 필요한 건 언제나 명확한 답이 아니라, 답을 찾아가는 과정 그 자체였다. 그 여정을 걷는 동안 당신은 이미 충분히 강해졌다. 지금껏 마주친 외로움이나 두려움, 그리고 때론 설명할 수 없는 막막한 감정들까지도 당신을 여기까지 이끌어준 안내자였다. 누구나 자신만의 약함을 가지고 살아간다. 사람들은 흔히 약함을 들키지 않기 위해 자신의 감정을 숨기거나 부정하려 하지만, 그런 노력은 결국 자신을 더욱 힘들게 할 뿐이었다. 당신도 이미 경험했을 것이다. 그 모든 감정들을 밀어내려 할 때 오히려 자신과의 거리가 멀어졌고, 그것이 결국 삶을 더 어렵게 만든다는 것을 말이다.

하지만 이제 당신은 그 감정들이 더 이상 당신의 적이 아니라는 걸 이해하게 되었다. 당신이 느끼는 외로움, 슬픔, 분노, 두려움 모두가 당신의 삶이 아직 살아있다는 증거이며, 당신의 존재를 더욱 깊이 이해하도록 돕는 중요한 신호였다. 당신이 그 감정들을 품는 순간, 그동안 스스로를 억눌러왔던 긴장과 불안은 조금씩 사라지고, 삶은 더 이상 회피해야 하는 것이 아니라 더 솔직하고 자유롭게 느껴졌을 것이다.

그러니 당신은 지금 이 순간부터 모든 감정을 있는 그대로 받아들이며 살아가도 좋다. 약해도 좋고, 때로 흔들려도 괜찮다. 그 모습 그대로의 당신이 이미 충분히 잘하고 있음을 인정하고 받아들인다면, 삶은 더 이상 두려움이나 막연함이 아니라 흥미롭고도 풍요로운 여정이 될 것이다. 앞으로 당신이 살아갈 삶은 완벽하지 않아도 충분히 가치 있고 아름다울 것이다. 당신이 느끼는 감정 하나하나가 결국 당신의 삶을 더욱 풍성하고 깊이 있게 만들 것이기 때문이다. 그 모든 순간마다, 삶이 버거워질 때마다 이 책을 다시 펼쳐보길 바란다. 그때마다 당신은 책 속의 문장들을 통해 또 한 번 자신과 마주하며 흔들림 속에서도 스스로를 잡아줄 힘을 얻을 것이다.

마지막으로, 꼭 기억하길 바란다. 삶이란 완벽할 필요가 없고, 당신 역시 완벽하지 않아도 된다는 것을. 불완전하기에 진짜이고, 흔들리기에 더욱 아름답다는 것을. 그것만 기억한다면, 앞으로의 길 위에서 당신은 더 담대하고 따뜻하게 자신만의 이야기를 써내려 갈 수 있을 것이다.

내 생각 정리해보기

에필로그

　모든 사람은 각자의 감정 속에서 살아간다. 마음이라는 건 원하는 대로만 움직여 주지 않고, 우리가 미처 알지 못한 사이 다른 길로 흘러가 버리기도 한다. 그래서 사람들은 종종 마음을 붙잡으려 애쓰지만, 애초에 마음이란 붙잡히기 위해 존재하는 게 아니라 그저 곁에서 함께 살아가야 하는 존재인지 모른다.
　이 책의 마지막 페이지를 넘기고 나서, 그런 생각이 들었으면 한다. 지금 당신의 마음이 어떤 모양을 하고 있든, 굳이 억지로 바꾸거나 애써 외면하지 않아도 충분하다는 것. 그 마음이 슬픔이든, 분노든, 기쁨이든, 외로움이든 그것은 결국 당신이라는 사람을 이루는 소중한 조각이라는 걸 말이다. 우리 삶은 언제나 감정과 함께 흐른다. 때로는 무겁고 견디기 어려운 순간도 있지만, 그 시간들이 우리에게 다시 일어설 힘을 주기도 한다. 아픔을 견뎌냈기에 우리는 조금 더 강해지고, 어둠 속을 지났기에 더 선명한 빛을 찾을 수 있게 되는 것이다.
　이 책과 함께하는 동안 당신이 자신의 감정을 조금 더 다정하고 솔직하게 바라볼 수 있었기를, 또 있는 그대로의 자신을 이해하고 인정하는 계기가 되었기를 진심으로 소망한다.

  당신의 감정은 앞으로도 늘 곁에 머물며 당신을 위로하고 지켜줄 것이다. 그러니 이제 조금 더 용기를 내어도 좋다. 당신 자신을 한 번쯤은 믿어봐도 좋다. 지금 당신이 느끼는 모든 감정은 결국 당신이 당신 자신으로 살아가기 위한 가장 확실한 이유가 되어줄 테니까.

감정이
당신의 인생을
결정한다

ⓒ 천진영, 2025

초판 1쇄 발행 2025년 6월 10일

지은이	천진영
펴낸이	이기봉
편집	좋은땅 편집팀
펴낸곳	도서출판 좋은땅
주소	서울특별시 마포구 양화로12길 26 지월드빌딩 (서교동 395-7)
전화	02)374-8616~7
팩스	02)374-8614
이메일	gworldbook@naver.com
홈페이지	www.g-world.co.kr

ISBN 979-11-388-4349-2 (03180)

- 가격은 뒤표지에 있습니다.
- 이 책은 저작권법에 의하여 보호를 받는 저작물이므로 무단 전재와 복제를 금합니다.
- 파본은 구입하신 서점에서 교환해 드립니다.